# INTERCULTURALIDADE E
# VÍNCULOS FAMILIARES

# INTERCULTURALIDADE E VÍNCULOS FAMILIARES

Lisette Weissmann

*Interculturalidade e vínculos familiares*
© 2019 Lisette Weissmann
Editora Edgard Blücher Ltda.


Imagem da capa: iStockphoto


Série Psicanálise Contemporânea
*Coordenador da série* Flávio Ferraz
*Publisher* Edgard Blücher
*Editor* Eduardo Blücher
*Coordenação editorial* Bonie Santos
*Produção editorial* Isabel Silva, Luana Negraes, Mariana Correia Santos,
Marilia Koeppl e Milena Varallo
*Preparação de texto* Ana Maria Fiorini
*Diagramação* Negrito Produção Editorial
*Revisão de texto* Antonio Castro
*Capa* Leandro Cunha

**Blucher**

Rua Pedroso Alvarenga, 1245, 4º andar
04531-934 – São Paulo – SP – Brasil
Tel.: 55 11 3078-5366
**contato@blucher.com.br**
**www.blucher.com.br**

Segundo o Novo Acordo Ortográfico, conforme
5. ed. do *Vocabulário Ortográfico da Língua
Portuguesa*, Academia Brasileira de Letras,
março de 2009.

Dados Internacionais de Catalogação
na Publicação (CIP)
Angélica Ilacqua CRB-8/7057

Weissmann, Lisette
    Interculturalidade e vínculos familiares / Lisette
Weissmann. – São Paulo : Blucher, 2019.
    268 p. (Série Psicanálise Contemporânea / coor-
denada por Flávio Ferraz)

    Bibliografia
    ISBN 978-85-212-1471-7 (impresso)
    ISBN 978-85-212-1472-4 (e-book)

    1. Psicanálise 2. Emigração e imigração –
Aspectos psicológicos – Estudo de casos 3. Família
– Aspectos culturais 4. Família – Aspectos psicoló-
gicos 5. Multiculturalismo I. Título.

19-0657                                      CDD 150.195

─────────────────────────────────

Índice para catálogo sistemático:
    1. Psicanálise

À minha avó, que migrou, com 18 anos, atravessando o oceano e fugindo dos nazistas, à procura de amparo em terras mais justas, e as achou no Uruguai, minha terra natal.

A Jorge, Paula e Agustin, com quem migramos para estas maravilhosas terras brasileiras, onde recebemos tanto carinho e oportunidades de crescimento e melhorias.

# Conteúdo

# Prólogo

O aumento da velocidade dos meios de transporte e de comunicação (a revolução digital) tem gerado uma desejável expansão da produção e do comércio, mas tem consolidado também um mundo desigual em riquezas e oportunidades, com a conseguinte violência e beligerância.

Consequentemente, o tema das migrações tem multiplicado a sua magnitude e complexidade. Várias centenas de milhões de seres humanos se deslocam ou se mudam de um país a outro. A magnitude do fenômeno talvez só tenha como antecedente histórico significativo a primeira globalização: o descobrimento e a conquista de América há cinco séculos.

Dentre os fatores que impulsionam a migração, podemos reconhecer a busca de novos horizontes e a fuga do opróbio (da miséria econômica e da opressão política). Algumas vezes esses fatores heterogêneos são discerníveis, outras vezes, se conjugam e se entrelaçam.

Imersa nessa complexidade incomensurável situa-se a reflexão de Lisette Weissmann. Ela segue então o conselho de Bauman, que diz que, quando um problema nos excede, é conveniente delimitá-lo a dimensões acessíveis. Dessa imensidão oceânica ela toma uma fatia: o impacto que o fenômeno migratório provoca na dinâmica familiar. A autora estuda seis famílias que se deslocam ao Brasil (São Paulo e Rio de Janeiro) partindo de outros países latino-americanos pela promoção laboral de um de seus membros (em geral o pai) no seio das atividades das empresas transnacionais. Isso acontece em um encontro clínico único que se estende por várias horas com todo o núcleo familiar.

Seu olhar clínico apoia-se na fonte teórica e bibliográfica que provém, por uma parte, de autores que em ciências sociais procuram afinar conceitualmente as noções de multi, inter e transculturalidade, e por outra parte, dos trabalhos de J. Puget e I. Berenstein sobre psicanálise de família e teoria dos mundos superpostos. Talvez essa dupla procedência (ou convergência) seja um dos pontos de maior interesse de sua tarefa: como os fenômenos políticos e macrossociais incidem na intimidade da cena familiar. A originalidade desse enfoque – pouco frequente – é um terreno próspero que vale a pena continuar explorando.

Migração, deslocamento e exílio são conceitos vizinhos, que aludem a uma descontinuidade e/ou ruptura com os núcleos de filiação, afiliação e pertença que criamos com o lugar onde nos tocou nascer. Os efeitos (ou marcas) patógenos e/ou criativos, produto dessa descontinuidade – antigamente descritos sob a rubrica "psicopatologia do deslocamento ou do exílio" –, merecem ser estudados com dedicação e parcimônia, ao menos por duas razões. Uma é a pandemia do tema migratório no mundo contemporâneo, a outra, pelo interesse teórico, já que o fenômeno migratório coloca em questão a fronteira entre os fatores psicogênicos e os fatores culturais da produção de subjetividade. Debate há muito tempo em curso e de resolução pendente, cuja melhor compreensão nos tornaria mais lúcidos.

**Marcelo N. Viñar**

*Montevidéu, 23 de março de 2017*

# 1. Introdução

*Un país con el nombre de un río*
*Vengo de un prado vacío*
*un país con el nombre de un río*
*un edén olvidado*
*un campo al costado del mar*
*Pocos caminos abiertos*
*todos los ojos en el aeropuerto*
*Unos años dorados*
*Un pueblo habituado a añorar*

*Como me cuesta quererte*
*Me cuesta perderte*
*Me cuesta olvidar*
*El olor de la tierra mojada*
*La brisa del mar,*
*brisa del mar, llévame hasta mi casa*

*Un sueño y un passaporte*
*como las aves buscamos el norte*
*cuando el invierno se acerca y el frío*
*comienza a apretar [...]*
*Como me cuesta marcharme*
*Me cuesta quedarme*
*Me cuesta olvidar*
*El olor de la tierra mojada*
*La brisa del mar [...]*
*llévame hasta mi casa*
*Brisa del mar*

Jorge Drexler

No começo do século XXI, nos deparamos com um mundo que parece ter expandido os limites de sua geografia, marcado pela tecnologia e a globalização, que apresenta a fantasia de vivermos em um espaço global estruturado como um todo, sem limites de fronteiras que diferenciem países, populações ou culturas. Assim, os sujeitos se veem homogeneizados por meio de um mundo no qual as marcas, os produtos e as modas parecem atravessar as fronteiras que anteriormente delimitavam países para se amalgamar em uma cultura só. A cultura do sistema capitalista liberal, por meio do consumo, tenta estabelecer linhas que homologuem todas as culturas e povos do planeta. Igualmente, podemos ver, ao mesmo tempo, índios vestidos com calças jeans, orientais escutando músicas em inglês, sujeitos dançando ao som de *reggae* e *funk* – ou seja, um mundo que se assemelha à torre de Babel, tanto pela variedade quanto pelas opções e escolhas.

Uma outra característica que se soma a essa homogeneização do mundo atual é a vertigem apresentada com a mesma rapidez com que os meios de transporte podem levar sujeitos de um ponto a outro do planeta em horas, gerando assim a sensação de um mundo que é estruturado como um espaço único, passível de ser apreendido em poucas horas e no qual se maneja um ritmo vertiginoso e acelerado. A ideia de conquista que esses elementos outorgam ao homem aparece como acréscimos ao conceito de globalização, que une culturas, raças e povos em um espaço igual para todos.

Na tentativa de fazer uma descrição teórica desse sujeito contemporâneo, o psicanalista uruguaio Marcelo Viñar (2009) salienta que

> [...] na grande cidade anônima do planeta do século XXI, é cada vez mais difícil ter um lugar próprio no mundo. Um lugar próprio que permita ao indivíduo ter a oportunidade de levar a cabo o desenvolvimento de suas capacidades, um projeto de vida no qual cada um se sinta único, original e insubstituível. Submergido na multidão anônima, sufocado por ela, cada um organiza seu destino ou sua estratégia para sobreviver. (p. 36)

Esse trecho delineia um cenário que poderíamos nomear de "salve-se quem puder" na busca por encontrar um lugar para si mesmo. Descreve, desse modo, uma forma de estar no mundo individualista, em que cada um toma conta de si e só assim consegue achar um espaço no qual se sustenta. Esse é o panorama no mundo global do século XXI. Mas esse mundo global traz sinais que mostram que ele não existe como um todo homogeneizado, pasteurizado e triturado, como tentam descrevê-lo, para se constituir como só uma massa. As diferenças trazem um olhar que não pode ser negado nem anulado. As falhas na comunicação, as culturas que transmitem aos sujeitos formas de agir, viver e compreender o mundo de modo diverso, os erros de entendimento entre sujeitos de culturas díspares, tudo isso faz cair por terra a fantasia do mundo como um todo igual. As particularidades dos povos e nações aparecem necessariamente, e podem ser usufruídas para se enriquecer com as diferenças ou podem ser negadas, numa tentativa de fantasiar a sua não existência.

Poderíamos pensar na globalização como uma aldeia global, unida pelos meios virtuais de comunicação e pelas possibilidades de se locomover facilmente de um continente ao outro; isso não anularia as diferenças entre as culturas como formas de concepção e leitura do mundo, nem entre os distintos seres humanos que habitam o globo terrestre. Pensamos em culturas que remetem a histórias singulares e geografias peculiares, impossíveis de pulverizar e homogeneizar. Se negarmos as diferenças culturais dos povos e nações, estaremos dissolvendo a possibilidade de visualizar sua riqueza singular e única, que cada povo traz consigo, assim como os traços aportados pelo *habitat* em que estão inseridos. Porém, tentar definir o conceito de cultura seria fundamental nesta pesquisa, já que tornaria possível compreender o termo e torná-lo um conceito a englobar um universo comum, ao mesmo tempo que permitiria inserir nele diferenças que viabilizassem um conhecimento mais abrangente e inclusivo.

Nesse universo da contemporaneidade que estamos descrevendo, assistimos à formação de sujeitos que nascem em um país e, por situações familiares, laborais ou políticas, deslocam-se pelo mundo, vivendo geralmente de forma temporária em diversos lugares dos quais sempre podem sair para se estabelecer em outras terras, quando as situações exigirem. Baseando-se nessa forma de morar no mundo – a qual poderia ser denominada nomadismo contemporâneo – vivem sem estabelecer nenhum vínculo com o lugar de maneira fixa; estruturam um estilo de vida em que circulam pela terra, nomeando a si mesmos como "cidadãos do mundo", sujeitos interculturais. Esse transitar pelo mundo desenha um movimento contínuo em relação ao lugar de moradia, língua para se comunicar, espaços escolhidos para conhecer, lugares de trabalho etc.

Esse é o sujeito que nos convoca e desafia a tentar descobri-lo. Muitas são as interrogações que se abrem, já que, de forma manifesta, o mundo para esses sujeitos parece lhes pertencer como um todo: apresentam extrema mobilidade física e geográfica, os meios de comunicação lhes oferecem a possibilidade de se comunicar com qualquer ponto do planeta, independente da distância; falam e compreendem várias línguas, e a comunicação parece ser possível em todas as esferas e com todos os sujeitos de cada ponto cardeal do planeta. Todavia, a questão que se inicia como grande interrogação, neste trabalho, centra-se em como se dá a constituição psíquica e vincular desses sujeitos, porque a conformação do psiquismo precisa de certos parâmetros que o sustentem e colaborem para sua estruturação. Pensando na estruturação do sujeito e seus vínculos, consideramos a importância do contexto no qual o sujeito se constitui, sendo esse contexto um pano de fundo que, por meio da pertença, permite ao sujeito se conformar internamente. O pano de fundo é a cultura, o espaço transubjetivo, o mundo exterior. A pergunta que surge frente às intensas mudanças culturais é como essas mudanças podem afetar o sujeito vincular em sua constituição. Defrontamo-nos, assim, com sujeitos contemporâneos expatriados expostos a diferentes culturas, e a presente obra se propõe tentar defini-los, a partir de um olhar psicanalítico. Perguntamo-nos: como essas variadas raízes e lugares de pertença afetariam o sujeito e seus vínculos dentro de um espaço e um tempo globais?

## História do nascimento da questão

Sou psicóloga, psicanalista, uruguaia e migrei ao Brasil, de forma permanente, em 2004. Tendo em conta que falo outras línguas, sou convidada para trabalhar tanto com sujeitos migrantes quanto com cidadãos que vão migrar do Brasil. O convite inclui trabalhar gerando uma escuta no momento de separação da terra, dos afetos, do conhecido da cultura própria para a inserção em uma cultura diferente, com as consequentes transformações internas que isso acarreta: o sofrimento pela perda, a sensação de estranheza em terras alheias, enfim, uma infinidade de afetos ambivalentes e paradoxais com os quais os sujeitos se deparam.

Começo a desenhar um dispositivo que me permite acolher três tipos de população expatriada diferentes:

1.  Os brasileiros que saem do país para outros países do mundo, com os quais o trabalho é feito em português, língua nativa dos que consultam.

2.  Os indivíduos latinos que vêm morar no Brasil, com quem usamos o espanhol como língua nativa, tanto dos expatriados quanto a minha.

3.  Os sujeitos expatriados de vários países que vêm morar no Brasil, com os quais a língua que habilita a comunicação é o inglês; trabalhamos com uma língua que serve de ponte para o entendimento e funciona como um objeto intermediário que separa e ao mesmo tempo aproxima.

Avaliando a população que consulto, por um lado, e baseada na linha teórica de trabalho da Psicanálise das Configurações Vinculares, por outro, deduzi que a melhor forma de oferecer uma escuta nesse momento de vida seria considerar o expatriado junto com o núcleo familiar que o acompanha, o que também implica levar em conta as diferenças entre os sujeitos que fazem parte da família, já que temos o(a) funcionário(a) expatriado(a), o cônjuge e os filhos com distintas idades e formações.

Diante dessas consultas, desenvolvi um dispositivo de trabalho para acolher e escutar os expatriados e suas famílias. Uma das variáveis a levar em conta, na hora da escolha da analista, é a língua. Como os encontros são feitos pouco tempo depois de eles desembarcarem no Brasil, pensa-se na dificuldade para se comunicar em uma língua estrangeira e a proximidade com a língua do país de origem. Os encontros se desenvolvem em espanhol, porque é a língua nativa tanto dos expatriados quanto a minha. A língua nos auxilia como um nexo de comunicação dos sujeitos estrangeiros em terras brasileiras. Por isso que os atendimentos aos expatriados são feitos em espanhol.

Baseio-me em temáticas cuja discussão seria importante nessa instância, apoiada também em outros referenciais teóricos, provenientes do mundo dos negócios, que intitulam esses trabalhos de treinamentos interculturais. Ao longo do trabalho com os expatriados, contudo, esse dispositivo vai deixando de funcionar, pois se torna desnecessário e sem sentido, de sorte que o atendimento se baseia fundamentalmente em uma escuta à família sobre o momento de transição e mudança. A orientação do trabalho muda: em vez de se amparar em tópicos marcados em uma apresentação de Powerpoint, se transforma em uma escuta livre sobre o momento da expatriação. Providencio materiais de desenho e jogos, no formato usado na análise de crianças, para que as crianças e adolescentes tenham outra forma de se expressar, e que o dispositivo abarque os adultos, com suas falas, e os filhos, no formato que eles escolham para se comunicar.

Os sujeitos desta pesquisa não apresentam demanda de processo terapêutico. Entretanto, eles aceitam o oferecimento que lhes dou de participar de um encontro para trabalhar sobre o tema da interculturalidade na expatriação. Ao aceitar a proposta, exibem uma disposição para trabalhar o tema. Contratransferencialmente, abro uma cadeia associativa, fazendo eco da conflitiva familiar. O dispositivo é constituído apoiado nas hipóteses de qual será a dinâmica intersubjetiva que os habita e nas hipóteses da teoria psicanalítica vincular como marco de referência.

Poderíamos pensar que as corporações precisam assegurar o investimento que fazem ao trazer o sujeito e garantir uma situação estável que lhe permita trabalhar e dar os dividendos para os quais foi conduzido ao país de expatriação. Partimos, assim, de uma demanda do mundo capitalista, do qual o expatriado se oferece a fazer parte, no momento em que aceita a oferta da empresa. Apesar de não aparecer uma demanda de atendimento terapêutico, há um pedido de orientação e acolhimento. Pensamos que a demanda formulada pela empresa precisa ser reapropriada pela família.

Na escuta aos sujeitos estrangeiros – se for necessário –, apresento o diagnóstico e o consequente encaminhamento. A indicação psicoterapêutica fica como uma possibilidade, quando a família, ou algum de seus membros, dela precisem.

Trabalhamos com sujeitos expatriados de empresas multinacionais oriundas de países nos quais o espanhol é a língua materna. Escolhemos trabalhar com essa população porque achamos que daria maior clareza sobre a interculturalidade. Isso não inclui os migrantes e imigrantes, os refugiados políticos, os exilados etc. Desse modo, trabalhamos com um público que se desloca em condições vantajosas, já que as empresas operam como um grande respaldo, que arca com os custos e o trabalho tanto da logística, da burocracia com documentos migratórios quanto da assistência à saúde, do transporte, do estudo para os filhos e da moradia, no país de expatriação, assim como de viagens de visita ao país natal.

Todos esses benefícios diferenciam os imigrantes temporários expatriados dos outros tipos de imigrantes.

Para o presente trabalho, as famílias de expatriados concordaram por livre e espontânea vontade a fazer os encontros comigo, a fim de trabalhar o tema da interculturalidade. A possibilidade de trabalho vincular com a família é oferecida pelo LinkedIn.

Ao mesmo tempo que o expatriado recebe todas as regalias já mencionadas, por outro lado, são convocados de tempos em tempos a migrações temporárias para diversos países, conforme a necessidade das empresas contratantes. Isso imprime certa marca a esse tipo de migração, o qual poderia ser descrito como "o eterno migrante", com uma caracterização de transitoriedade e movimento constante, como aquele que transita sempre "com a mala nas costas".

Frente a esse trânsito constante pelo mundo, interrogamo-nos sobre as marcas psíquicas vinculares que esse modo de ser contemporâneo confere aos sujeitos que se submetem a esse estilo de vida.

Fica em aberto a pergunta, no campo de intersubjetividade, como essas experiências de trânsito, de ir e vir, geram marcas intersubjetivas específicas e diferentes das dos outros tipos de migrantes. Contudo, essa questão não será abordada no presente livro.

No início de meu trabalho pensei em nomeá-lo *A multiculturalidade na constituição do sujeito – Uma pesquisa psicossocial*. Mas, à medida que fui aprofundando o tema, percebi que o conceito de multiculturalidade ficava vinculado ao de colonização, no qual uma cultura prevalece sobre a outra; a cultura do colonizador se impõe sobre a do colonizado. Porém, esse conceito não se ajustava à realidade dos migrantes temporários expatriados. Achei o termo *interculturalidade* mais apropriado, visto que indica como uma cultura vai se entrelaçando com a outra, estruturando uma rede de culturas, entre as quais se armam pontes, como elos que as fazem interagir. Mais para a frente, aprofundo ambos os conceitos, o que fundamenta a mudança de título do livro.

Também mudei o restante do título, destacando a ideia de *vínculos familiares*, já que, da forma anterior, não ficava claro qual é o conceito de sujeito do qual parto. Trata-se de um trabalho intersubjetivo vincular com famílias de expatriados.

## Por que expatriados?

No contexto atual, contemporâneo e globalizado, surge o sujeito que tem um estilo de vida propiciado pelo mundo corporativo, que é chamado de "expatriado". Por contiguidade ou vínculo de consanguinidade, a família desse sujeito, funcionário das empresas multinacionais, é chamada de "família de expatriados".

É importante nos perguntar por que esse termo foi escolhido para nomear o sujeito que é o novo habitante do mundo corporativo, funcionário estrangeiro que é deslocado para diversas filiais das empresas, em diferentes países do mundo. A definição desse termo encontrada no dicionário é surpreendente. No *Aurélio*, expatriado é "que ou aquele que sofreu a pena de expatriação, ou que se expatriou; exilado". Expatriar, como verbo transitivo direto, é "expulsar da pátria; exilar, desterrar, banir". E, como verbo pronominal, é "ir para o exílio", "ir residir em país estrangeiro".

Vemos como, por meio das definições, se transmite uma conotação negativa na denominação do expatriado, uma vez que parece ser aquele sujeito expulso de seu país de origem, ou impossibilitado de morar na terra onde nasceu. Esse significado não condiz com a situação de privilégio que eles têm nas empresas. O fato de ser convidado a uma expatriação coloca o funcionário em um lugar favorecido no espaço de trabalho, já que são oferecidos a ele melhores salários, a possibilidade de ascensão na carreira profissional, ganho de experiência, viagens, aprendizagem de uma nova língua, assim como todos os privilégios de moradia, colégio, saúde etc., inclusive para sua família.

Em face desses sentidos paradoxais, perguntamo-nos por que, no registro manifesto, expatriado tem um sentido e, no sentido latente, arrasta uma conotação contrária, que remete a expulsão e repulsa? Estará isso relacionado com o fato de ser o expatriado aquele sujeito que denota a diferença, por ter uma posição de estrangeiro? Talvez nos encontremos frente à dificuldade para aceitar o alheio, o diferente, o outro com alteridade radical que não consegue ser anulada nem negada. Aquele estrangeiro que é trazido pela empresa em função da falta de mão de obra especializada no país estará trazendo um significado ameaçador para os trabalhadores que habitam esse lugar? Será por isso que se insiste em chamá-lo, quase o expulsando, de expatriado? Estaremos diante de uma forma de mostrar a repulsa quanto às diferenças que o estrangeiro traz, ao aparecer como aquele radicalmente diferente, em sua alteridade?

Muitas são as interrogações que essas discussões despertam.

Pretendemos refletir criticamente sobre os processos psíquicos intersubjetivos vinculares vividos pelos sujeitos nos cursos migratórios de expatriação, à luz da Psicanálise das Configurações Vinculares.

Do ponto de vista específico:

1.  Delimitar as marcas intersubjetivas vinculares que as culturas deixam nos sujeitos e seus vínculos, partindo do pressuposto de que toda mudança cultural impacta a família, tensionando os vínculos familiares. Ou seja, a pergunta seria: como as mudanças culturais afetam o sujeito vincular?

2. No dispositivo vincular familiar, procuramos pesquisar em que medida a estrutura familiar inconsciente se modifica no processo de expatriação.

3. Em decorrência do espaço criado para escutar os expatriados e suas famílias sobre o processo de expatriação, aprofundamos o conceito de interculturalidade e suas diversas apropriações.

Centramo-nos em pensar nos processos subjetivos contemporâneos que a população dos expatriados costuma explicitar de forma mais clara. Trata-se de um trabalho que abrange mais do que os sujeitos participantes da amostra, já que problematiza e lança luz sobre processos atuais pelos quais todos os sujeitos do século XXI, atravessado pelo capitalismo e a globalização, são afetados, além e aquém da população dos expatriados em si. Os expatriados servem, no presente estudo, como lente de aumento do sujeito contemporâneo, porque mostram sujeitos que são mais afetados e ficam mais expostos ao mundo globalizado. Sabemos que essa situação e essa forma de trânsito pela contemporaneidade e a globalização afetam todos os sujeitos dos tempos atuais. Por tudo que já foi mencionado anteriormente, este estudo visa trazer luz sobre o mundo contemporâneo globalizado e como os sujeitos que o habitam se veem afetados por esse contexto cultural específico.

## Questões que se abrem

Ao longo deste trabalho, tratarei de discutir algumas hipóteses que surgem como perguntas, inquietações e reflexões a serem respondidas por meio da análise do material recolhido dos sujeitos expatriados, com base nos aportes teóricos achados sobre a temática. Anos de trabalho sobre o tema fazem acender em mim questões, que gostaria de tentar responder.

1. O momento da mudança temporária pode ser vivido pelos sujeitos: como um momento de abertura ao novo; como um acordar para a novidade que se abre frente a culturas diversas da cultura de origem; como espaço de criação e ampliação da subjetividade e dos vínculos dos sujeitos expatriados; a abertura do leque de oportunidades e escolhas subjetivas às quais os expatriados se veem expostos, conseguindo fazer bom uso destas. Ou a experiência de expatriação pode aparecer privilegiando a situação de perda pelo contexto cultural conhecido do país de origem, trabalho de elaboração do luto que pode se estender no tempo, resultando em uma situação que se eterniza sem ser tramitada. Não se gerarão transformações, e os vínculos só estão destinados a restituir aquilo que é impossível de ser reparado. Outra opção de busca de tramitação da situação poderia ser que os sujeitos tentem transpor os limites de uma cultura na outra, sustentando a fantasia de que a cultura de origem possa ser transferida e transladada à cultura do país de expatriação. Seria uma busca contínua pelas variáveis culturais de um país no outro. Dessa forma, seria armada uma situação intersubjetiva de não saída do país de origem, para evitar a perda que implicaria tal deslocamento. As duas opções mencionadas estariam desenhando diferentes modos de elaboração das mudanças, um em formato de crescimento subjetivo vincular, por meio da tramitação do luto, e outro como uma detenção no tempo do processo de luto que não pode ser elaborado, permanecendo como experiência não trabalhada e tramitada internamente.

2. Por meio dos processos internos que os sujeitos expatriados vivem, visualizamos a possibilidade de serem armados de uma estrutura subjetiva vincular, que chamamos de intercultural. Só aqueles sujeitos capazes de tramitar o abandono subjetivo dos

parâmetros da cultura de origem poderão ter uma abertura interna e vincular para acrescentar a novidade que surja no transcurso. Dessa maneira, estruturariam um modo intersubjetivo de ser: intercultural. Só abandonando internamente os espaços conhecidos é que se abre espaço para a criação de espaços múltiplos de interação e integração, em que as diferentes culturas possam conversar e armar estruturas criativas e novas. A interculturalidade se constrói como uma colcha de retalhos, a partir da qual os sujeitos em vínculos se permitem fazer escolhas peculiares de integração e transformação cultural.

Se os sujeitos não conseguirem elaborar o luto e abandonar os parâmetros do contexto da cultura de origem, não poderão construir esse novo armado intercultural, já que permanecerão amarrados à cultura de origem e criação, e não construirão espaços livres que permitam fazer outras escolhas culturais integradas a eles mesmos. Talvez esse seja um formato de resistência em face da situação de mudança.

3. Outro elemento que surge como questão é a forma de conhecer e reproduzir a língua estrangeira diferente da língua materna. Questionamo-nos em que medida a língua estrangeira pode surgir como uma opção de comunicação e transmissão de ideias, ou como um obstáculo que impede a abertura ao meio externo. Em uma opção, os sujeitos permaneceriam fechados frente aos outros, aos estrangeiros; na outra opção, eles se abririam ao conhecimento de novas possibilidades linguísticas para se comunicar com diferentes, propiciando um crescimento intersubjetivo intercultural.

4. A pergunta que se abre é: quais das hipóteses mencionadas podem ser respondidas a partir do material colhido de expatriados, vindos ao país faz pouco tempo? Esse período de tempo permitiria obter indícios para responder sobre as mudanças citadas anteriormente? Será que algumas hipóteses precisariam de experiências de

expatriação mais longas? A mudança cultural impacta a família e os vínculos, mas a pergunta que surge é sobre as diferenças do impacto entre os primeiros momentos de exposição a uma nova cultura e a permanência nela.

## Em busca dos traços migratórios em Sigmund Freud

Tive a oportunidade de viajar a Viena, onde fui conhecer a casa que Freud teve que abandonar, diante do exílio londrinense. Na procura por material bibliográfico sobre expatriação, descubro uma carta que o criador da psicanálise escreveu para um colega suíço, na qual menciona a "dor frente à perda da língua materna". Gravo a data e a quem está endereçada a epístola para continuar minha procura no Brasil, achando que essa seria uma tarefa fácil de desenvolver.

Ao não encontrar rastro da correspondência, nas obras completas, escrevo para o museu pedindo ajuda; lá, dizem que essa carta não existe, que só encontraram uma carta de condolências a Anna Freud, datada em 1939, e aconselham a continuar a procura no Museu de Freud, em Londres.

Escrevo para Londres e localizo o assistente do curador, Bryony Davies, que consegue entender qual é o eixo de minha busca e acrescenta dados importantes. Menciona um encontro intitulado *A infância perdida e a língua do exílio*, que acontecera no Museu em 2001 e sobre o qual há um livro impresso; assim como uma exibição de fotos em 2010 com o título *Terra prometida: o exílio de Freud*. Pela possibilidade de aceder a um material impresso, ligo para o Museu e, na compra do livro, tenho a grata surpresa de saber que a atendente é brasileira, fala português comigo e entende sobre o tema. Trata-se de Francis Rita Apsan, que é a bibliotecária de fotos e gerente da loja do Museu. Foi ela quem procurou a dita carta de 1938 de Freud a Saussure.

Para minha agradável surpresa, recebo um e-mail de Rita Apsan, contando que o original da carta de 11 de junho de 1938, ao psicanalista suíço Raymond de Saussure, está na biblioteca do Congresso, em Washington; mas a frase na qual ele alude à perda da língua materna está citada no *Diário de Sigmund Freud, 1929-1939 – Crônicas breves*, traduzido para o português por ela mesma. Procuro as cartas na biblioteca do Congresso em Washington. Elas estão em alemão e, por um acordo com a família Freud, só serão apresentadas ao público em 2100, visto que incluem a autoanálise de Freud por carta com Fliess. Acredito, assim, que a família, eticamente, exige o segredo para abri-las ao público.

Essa procura levou um bom tempo, mas acabou resultando na reunião de um rico material que o criador da psicanálise pôs em palavras quando tentava dar conta de sua situação no exílio forçado pela Segunda Guerra Mundial em Londres. O ditado popular diz que "todos os caminhos levam a Roma", mas, nas nossas investigações, muitas vezes procuramos às cegas algum traço que dê conta de nossas inquietações. Grande é a surpresa e a alegria quando esses dados se clarificam e chegamos a um achado tão prodigioso quanto esse. Mais adiante, abordaremos a carta antes mencionada.

Muitas portas se abrem para continuar pensando em tantos temas e dados achados.

Gostaria de concluir esta introdução aludindo à canção citada no início, do uruguaio Jorge Drexler, na qual descreve a terra natal, o Uruguai, país com o nome de um rio, algo que traz a ideia de um devir constante, no fluir das águas que não voltarão ao mesmo lugar. Também o autor consegue pôr em palavras os sentimentos que o migrar suscita nas pessoas. Sobrevém o sentimento de perda, raiva, dor, abandono, saudade, decepção. Indica uma direção no olhar para fora do país, para outras terras e não para a terra natal. E escolhe o aeroporto como lugar que condensa e simboliza partidas e reencontros, mas que indica um trânsito de um ir e vir, e não uma situação de estabilidade. O autor parece estar tentando elaborar o conflito que surge, frente ao migrar e fixar raízes em terras alheias à de nascença, por meio da composição. Cabe salientar que o autor migrou para Espanha, onde reside atualmente, e que a terra natal dele é a mesma que a da autora que escreve este livro: o Uruguai.

# 2. Globalização, cultura, fronteira

*Para mim, a terra natal não é exatamente o lugar onde nossos mortos estão enterrados; é o lugar onde temos as nossas raízes, onde possuímos nossa casa, falamos nossa linguagem, pulsamos os nossos sentimentos mesmo quando ficamos em silêncio. É o lugar onde sempre somos reconhecidos. É o que todos desejamos, no fundo do nosso coração: sermos reconhecidos e bem recebidos sem nenhuma pergunta.*

Lenz, citado por Santos, 2007, p. 83

## *Aproximação ao conceito de globalização*

No presente capítulo, aprofundaremos certos conceitos teóricos que permitam descrever o contexto atual, que funciona como pano de fundo dos expatriados que serão sujeitos deste trabalho. Os autores a que nos referiremos provêm de diferentes ciências sociais e fazem uma leitura peculiar sobre tais sujeitos. Ao definir o século XXI, precisaremos do auxílio de autores alheios à psicanálise e que tragam luz a esses conceitos. Em capítulos posteriores, voltaremos a nos remeter à psicanálise, que habilita uma compreensão do sujeito e seus vínculos.

Quando pensamos no século XXI, a palavra que circula é *globalização*. O termo tem sido abordado pela economia, sociologia, direito, ciências sociais, antropologia, entre outras. Dito conceito parece tentar descrever um mundo homogêneo, no qual as diferenças, as fronteiras e as nações parecem estar amalgamadas em uma só ideia. Trata-se de uma apreciação controversa, já que se, por um lado, a ideia aponta a homogeneização de um mundo como um todo, por outro lado, as divergências aparecem como inegáveis e impossíveis de anular ou apagar.

Boaventura de Sousa Santos, doutor em sociologia do direito (2005), ressalta, no livro *A globalização e as ciências sociais*:

> *As interacções econômicas, sociais, políticas e culturais intensificaram-se extraordinariamente nas três últimas décadas, um fenômeno que ficou conhecido pelo nome genérico de globalização. Trata-se de um processo complexo que atravessa as mais diversas áreas da vida social, da globalização dos sistemas produtivos e financeiros à revolução nas tecnologias e práticas de informação e de comunicação, da erosão do Estado nacional e redescoberta da sociedade civil ao aumento exponencial das desigualdades sociais, das grandes movimentações transfronteiriças de pessoas como emigrantes, turistas ou refugiados, ao protagonismo das empresas multinacionais e das instituições financeiras multilaterais, das novas práticas culturais e identitárias aos estilos de consumo globalizado. Esta diversidade faz*

*com que o impacto nas estruturas e práticas nacionais e locais, aparentemente monolítico, seja, de facto, muito contraditório e heterogêneo, já que, em cada uma das áreas da vida social, é o produto de uma negociação conflitual e de resultados relativamente indeterminados entre o que é concebido como local ou endógeno e o que é concebido como global ou exógeno, entre rupturas e continuidades, entre novos riscos e velhas seguranças, entre mal-estares conhecidos e mal-estares desconhecidos, entre emergências e inércias. (p. 11)*

*[...] Identifico quatro modos de produção de globalização, o que me permite concluir que, em rigor, não há globalização e sim globalizações. Defendo que nos encontramos num período de transição e proponho uma teoria do sistema mundial em transição. (p. 15)*

Vemos como o autor, ao definir a globalização, nos chama a atenção sobre uma zona de conflito entre o local e o global; parece descrever um processo em movimento que está se conformando e modificando constantemente. Também considera o termo no plural, mostrando como há várias formas de conhecer o processo "das globalizações". Recusa, dessa forma, aquela ideia de conformação do mundo como um todo homogêneo, assim como do apagamento das fronteiras e das culturas locais em favor de uma cultura globalizada.

Giddens (1990), nos primeiros estudos feitos sobre o conceito de globalização, define-o como "[...] a intensificação de relações sociais mundiais que unem localidades distantes de tal modo que os acontecimentos locais são condicionados por eventos que acontecem a muitas milhas de distância e vice-versa" (p. 64).

Constatamos como essa ideia é levada em consideração e ainda persiste, 25 anos depois, nos estudos posteriores.

O Grupo de Lisboa, de Sousa Santos e colaboradores, por outro lado, pensa a globalização como o fim das organizações nacionais.

A partir do conflito iniciado no processo de globalização entre o global e o local, o processo leva à procura por um consenso que habilite uma forma de conceber o mundo como dentro "das globalizações". Em função do conflito e da luta de interesses, geralmente são as culturas hegemônicas que predominam sobre as nacionais, deixando de lado as culturas locais e minoritárias, criando um mundo que pode ser dividido entre os incluídos e os excluídos. Se, por um lado, a globalização pode ser pensada como a uniformização social, econômica e cultural, pelo contrário, Boaventura de Sousa Santos enfatiza que o processo tem agudizado as hierarquias e as desigualdades, estabelecendo espaços bem claros para aqueles que ele chama de ganhadores e perdedores.

O sistema mundial globalizado, como frisa o autor, apresenta-se em transição: transição no social, em que se configuram diferentes hierarquias e desigualdades; transição organizacional ou institucional, com novas combinatórias e formatos institucionais; e transição na área dos conflitos políticos e sociais. Esse novo conceito das globalizações deve dar conta da pluralidade e da contradição, ao mesmo tempo que, dessa forma, estaria se excluindo de abstrações redutoras e incluindo-se na transição antes assinalada. Esse sistema mundial em transição é problemático e se define pela "ordem da desordem" (Sousa Santos, 2005, p. 89). Esse processo também pode ser chamado de "localismo globalizado" (p. 65), dentro do qual se aceita a inclusão das diferenças e a universalização do local, diverso, antes excluído. Implica o global que acontece localmente.

As empresas multinacionais são as maiores representantes do processo descrito, uma vez que são as organizações dominantes que reproduzem, disseminam e trabalham, dentro do capitalismo liberal globalizado, o processo "das globalizações". Os sujeitos que aqui pretendemos estudar trabalham nessas empresas multinacionais.

Os autores mencionam duas formas de expressão do fenômeno: por um lado, a globalização econômica e, por outro, a globalização cultural, constituindo dois modos de expressão do mesmo processo.

Para caracterizar as mudanças atuais, podemos pensá-las como aquelas que apagam as culturas locais, colocando-as em risco, ou como um processo de criação e uniformização que inclui a diversidade. As considerações dão conta do caleidoscópio inaugurado no momento de descrever um processo que está em movimento e se modificando constantemente.

Sousa Santos (2005), ao tentar descrever os graus de intensidade da globalização, assinala:

> *Definimos globalização como conjuntos de relações sociais que se traduzem na intensificação das interações transnacionais, sejam elas práticas interestatais, práticas capitalistas globais ou práticas sociais e culturais transnacionais. (p. 85)*

> *[...] A desterritorialização, desvinculação local e transformação expansiva, por um lado, e a reterritorialização, revinculação local e transformação desintegradora e retrativa, por outro, são as duas faces da mesma moeda, a globalização. (p. 86)*

> *[Termina o texto asseverando que] o processo de globalização pode assim ser visto, quer como altamente destrutivo de equilíbrios e identidades insubstituíveis, quer como a inauguração de uma nova era de solidariedades global ou até mesmo cósmica. (p. 93)*

O geógrafo Milton Santos (2007) afirma que as pessoas são levadas a fazer coisas, dentro de uma região, que vêm de demandas externas, fixadas de forma remota em outros territórios. A linguagem regional constitui um mundo de símbolos apropriados para juntar e construir uma nova territorialidade, a qual se estrutura na união que os indivíduos geram ao sentir seu território. Descreve desta maneira a mobilidade social atrelada ao territorial:

> *Vir para a cidade grande é, certamente, deixar atrás uma cultura herdada para se defrontar com uma outra. O fato de que, como homem, viva um permanente processo de mudança e de adaptação é que vai permitir aos recém-chegados participarem como atores, e não apenas passivamente, do seu novo quadro de vida, graças às novas incitações e às suas capacidades e ao seu gênio criativo. A desculturização é perda, mas também doação. O novo meio ambiente opera como uma espécie de detonador. Sua relação com o novo morador se manifesta dialeticamente como territorialidade nova e cultura nova, que interferem reciprocamente, mudando-se paralelamente territorialidade e cultura, e mudando o homem. Quando essa síntese é percebida, o processo de alienação vai cedendo ao processo de integração e de entendimento, e o indivíduo recupera a parte do seu ser que parecia perdida. (p. 83)*

O autor sugere que os sujeitos deem um novo sentido às lembranças dos antigos lugares de moradia, como forma de criar e partilhar com aqueles próximos no novo território uma nova significação que humanize os relacionamentos.

Dante Moreira Leite, psicólogo social brasileiro, no livro *O caráter nacional brasileiro*, de 1954, reflete sobre o encontro entre povos diferentes e como alguns costumes podem ser submetidos ao consenso em função do abandono dos anteriores, incorporando os costumes dos povos estrangeiros com os quais começam a interagir. Descreve assim:

> *Um mundo essencialmente cosmopolita, onde as distâncias se tornam cada vez menores, e onde o conhecimento do estranho e do diferente parece uma forma de ilustração pessoal e amadurecimento. Além disso, poder-se-ia sugerir que, num mundo em rápida transformação, o homem perdeu a possibilidade de realmente viver na sua terra natal, ou a esta retornar, pois a cidade em que nasceu se transforma a cada dia que passa, e todos sabemos que o amanhã não será igual ao ontem. (p. 14)*

Mostra como o cosmopolitismo já era um valor apreciado a partir da época grega ou romana, na qual viajar era visto como o enriquecimento dos povos. O autor pensa que a maior criatividade no desenvolvimento da civilização foi quando, a partir das conquistas, os povos se abriram à diversidade de outras culturas, aceitando o antagonismo de opiniões e alargando o conhecimento. Esse autor não menciona o conceito de globalização, que ainda não existia em sua época, mas vemos como está se aproximando dele ao pensar na junção dos povos. Amplia nosso saber comentando o processo de integração do mundo.

Carlos Fortuna e Augusto Santos Silva (2007) concebem a globalização como uma palavra que indica um problema, evidenciando uma nova realidade do mundo, um novo processo de desenvolvimento regido pelo que eles chamam de "interdependências planetárias"; isso incluiria tanto a abrangência de todas as realidades quanto as disparidades dentro do sistema mundial, constituindo um processo que leva em direção à internacionalização e mundialização. Trata-se de um processo que se baseia em uma complementação daquelas características que unem e homologam, assim como daquelas que diferenciam e caracterizam, desenhando um novo caleidoscópio de complexos campos de ação do que entendemos como mundo.

## Cultura: diferentes acepções, diferentes autores, um patrimônio em comum

Agora, procuraremos nos aproximar das diversas formas como os autores descrevem o conceito de cultura.

Dante Moreira Leite (1954) salienta que:

> [...] na antropologia do século XX, o conceito de cultura substitui o de raça, para dar conta das diferenças entre povos. A distinção entre esses conceitos não deve ser esquecida, pois divide a antropologia atual da que nos foi transmitida pelo século XIX: raça é conceito biológico e, portanto, hereditário; cultura é conceito social, supondo-se que, ao contrário do que ocorre com a herança biológica, possa ser transmitida pelas várias for-

*mas de experiência e aprendizagem, bem como transformada pelos homens. (p. 38)*

O autor nos abre um leque sobre as concepções antropológicas de cultura do século XIX e XX, entre a biologia e o social. Todavia, resume sua ideia de cultura como maneira de viver em grupo e como sistema de normas e relações que dita padrões de comportamento, estabelecendo assim uma relação de mão dupla entre indivíduo e grupo. Por outro lado, atrela educação, personalidade e cultura, na seguinte definição:

> *Embora se admita que as características psicológicas resultem da educação, admite-se que esta resulta da cultura, num longo processo de decantação histórica. E a História não pode ser mudada: a cultura determina um certo tipo de personalidade, e este se perpetua através de práticas culturais. (p. 124)*

Vemos como ele apresenta os conceitos de personalidade, educação, cultura e história em intensa relação e interdependência.

Por outro lado, o geógrafo brasileiro Milton Santos (2007), no livro *O espaço do cidadão*, associa o conceito de cultura ao de cidadania e de territorialidade. Define da seguinte forma:

> *A cultura, forma de comunicação do indivíduo e do grupo com o universo, é uma herança, mas também um reaprendizado das relações profundas entre o homem e o seu meio, um resultado obtido por intermédio do próprio processo de viver. Incluindo o processo produtivo e as práticas sociais, a cultura é o que nos*

*dá a consciência de pertencer a um grupo, do qual é o cimento. (p. 81)*

O autor alude, assim, a um homem pensado como ser particular para si mesmo, junto com o ser social que se doa para seu tempo. Nesse sentido, estaria definindo uma dupla pertença do sujeito ao individual e ao social. Nenhum dos dois conceitos pode ser suspendido, mas prevaleceria o humano-genérico na nova concepção de mundo. Talvez possamos considerar que o tempo presente, no qual se procura uma definição de globalização, estaria constituindo um tempo de suspensão do individual para conseguir chegar a uma definição geral de mundo e do social.

Nestor Garcia Canclini (2004) procura explicitar os vários sentidos que o termo *cultura* tem, partindo do mais simples até o mais elaborado. Um primeiro sentido implica o uso cotidiano da palavra, que abrange a educação, cultura como conjunto de conhecimentos e aptidões intelectuais. Um segundo sentido separa cultura-natureza e cultura-sociedade, remetendo natureza ao biológico e tendo sociedade como valor de uso e mudança, mas frente aos quais seria a cultura aquela que aportaria significação desses processos. Desse modo, chega a uma definição operativa: "[...] a cultura abarca o conjunto dos processos sociais de significação ou, de um modo mais complexo, a cultura abarca o conjunto de processos sociais de produção, circulação e consumo da significação na vida social" (p. 34). O autor visualiza a cultura como processos sociais que produzem, circulam e se consomem na história social. Mostra um conceito em movimento e mudança a partir do qual frisa que todos, ao nos relacionarmos com outros, aprendemos a ser interculturais. Pensa o processo cultural como um conjunto de significados em transformação, que se inserem em novas relações sociais e simbólicas. Apela a uma definição sociossemiótica da cultura, que inclui a produção, a circulação e o consumo de significações dentro da vida social, inserindo a cultura dentro da sociedade.

Garcia Canclini (2004) menciona quatro vertentes contemporâneas para pensar a cultura. Primeiro, a tendência que vê a cultura como instância na qual cada grupo organiza sua identidade, mas elaborada e reelaborada em um sentido intercultural, transpassando fronteiras e abastecendo também outras culturas com repertórios diversos. Dessa forma, as culturas se reabastecem, atravessando limites étnicos. O autor chama isso de "configuração transversal de sentido" (p. 35), já que se trata de algo que torna mais complexo cada sistema simbólico e no qual se analisam as formas de interação e rejeição a outros diferentes para construir a identidade coletiva cultural. Uma segunda vertente pensa a cultura como uma instância simbólica de produção e reprodução da sociedade, como um elemento constitutivo das interações corriqueiras entre o material e o simbólico e entre a cultura e a sociedade. Foca nas pesquisas de Pierre Bourdieu sobre cultura como espaço de reprodução social e organização de diferenças, baseadas na relação da ordem social e nas práticas dos sujeitos que se estruturam em um grupo de hábitos decorrentes da infância. Dessa forma, os hábitos criam uma ordem para as práticas das pessoas e seu grupo, o que garante uma coerência social. A consciência do espaço social que cada sujeito ocupa se baseia na incorporação da ordem social de maneira inconsciente, a qual se inscreve no corpo, no tempo e no espaço. Uma terceira linha descreve "[...] a cultura como uma instância de conformação do consenso e da hegemonia, ou seja, de configuração da cultura política e também da legitimidade" (p. 37). Nessa perspectiva, a cultura é o cenário no qual adquirem sentido as mudanças e o poder com suas lutas; como forma de autorrepresentação e de representação dos outros em relações de diferença e desigualdade. A quarta linha é a que nomeia "[...] a cultura como dramatização eufemística dos conflitos sociais" (p. 38). Tenta demonstrar, assim, como tudo o que se apresenta na cultura é uma dramatização simbólica do que ocorre no social, forma de nos contar o que está acontecendo entre os integrantes dessa sociedade.

O autor afirma que as mudanças produzidas pela globalização implicam uma cultura que dê conta da significação da vida social, evitando dualismos e abarcando a diferença e a interação entre culturas; e transcende o nacional e o étnico para se constituir em relações interculturais. Pensa "o cultural" para incluir os contrastes dentro de uma articulação histórica que abarca as fronteiras da diferença. "O cultural" se apresenta como colisão de significados nas fronteiras, intersecção entre redes de frágeis relatos locais e públicos, nas práticas sociais correntes, dentro do intercultural. Baseia-se na articulação "[...] das diferenças, desigualdades, procedimentos de inclusão-exclusão e as formas atuais de exploração" (p. 43).

Boaventura de Sousa Santos (2005) define a cultura como um processo social construído no cruzamento entre o universal e o particular. Situa o cultural em um campo de aprimoramento entre as diferenças, os contrastes e as comparações, até descrevê-lo como "[...] a luta contra a uniformidade". Vincula o conceito de cultura ao de fronteira, do qual daremos conta mais adiante.

O sociólogo nomeia uma nova forma cultural que surge e a caracteriza como "cultura transnacional", na qual não ganham muita relevância as culturas nacionais, porque a cultura transnacional circula pelo mundo de forma desenraizada, sem se ancorar em nenhuma terra em específico.

Cabe-nos perguntar se essa não seria a cultura que explicaria uma nova criação que se assemelharia à cultura que os expatriados geram, no ir e vir de cada país de expatriação. Buscaremos nos casos clínicos esclarecer esse questionamento.

Sousa Santos (2005) delimita as formas culturais que têm surgido nas últimas décadas como "cultura transnacional", portando origens nacionais que têm pouco impacto, já que circulam pelo mundo como culturas desenraizadas, nas quais o universal parece ter mais implicação. Descreve, assim, uma cultura que nomeia como multicultural, pois se constitui amplamente inserida no contexto. O "multiculturalismo emancipatório" implica uma construção entre culturas que se respeitam e partilham sob o que ele chama de pauta transcultural, segundo a qual "[...] temos o direito de ser iguais quando a diferença nos inferioriza e a ser diferentes quando a igualdade nos descaracteriza" (p. 75).

## Fronteira: território ou cultura?

O conceito de fronteira tem se modificado: no início, era patrimônio único das ciências geográficas, mas, a partir da internacionalização do mundo e dos intercâmbios planetários, *fronteira* começa a aparecer como um termo rico, que aceita e inclui o igual e o diferente, permitindo um trânsito dos sujeitos e dos significados criados dentro da cultura.

Sousa Santos (2008), no livro *Pela mão de Alice*, afirma:

*A forma cultural da fronteira apresenta ainda uma outra característica: a dramatização e a carnavalização das formas. Dado o carácter babélico, assíncrone e superficial das incorporações e das apropriações forâneas, a construção fronteiriça tende a identificar-se, nessas incorporações e apropriações, com as formas mais do que com os conteúdos dos produtos culturais incorporados. O contexto global que dá lugar ao regresso das*

*identidades, do multiculturalismo, da transnacionali-*
*zação e da localização parece oferecer oportunidades*
*únicas a uma forma cultural de fronteira precisamen-*
*te porque esta se alimenta dos fluxos constantes que a*
*atravessam. A leveza da zona fronteiriça torna-a mui-*
*to sensível [...] aos ventos. É uma porta de vaivém, e*
*como tal nem nunca está escancarada, nem nunca está*
*fechada. A riqueza está, acima de tudo, na disponibili-*
*dade multicultural da zona fronteiriça. (p. 155)*

Conclui que a zona fronteiriça se apresenta como metáfora que ajuda a mudar o social e o político: "[...] a zona fronteiriça, tal como a descoberta, é uma metáfora que ajuda o pensamento a transmutar-se em relações sociais e políticas. E não esqueçamos que a metáfora é o forte da cultura de fronteira e o forte de nossa língua" (p. 155).

O termo *fronteira* é tomado mais como um conceito com ampla significação e não como limite intransponível, mas como linha a ser atravessada em várias direções para providenciar novos sentidos, em uma cultura mais aberta e propensa a mudanças.

Carlos Fortuna e Augusto Santos Silva (2005) nos relatam como, com base nas mudanças nos espaços público e privado, se gera uma incessante procura de novas seguranças, instaurando a criação de zonas de intermediação nas quais se entrecruzam a cultura local e a globalizada, suscitando também novos espaços de entrecruze relacional. Vemos como, a partir da perda de certas pertenças, surgem outras, modificadas. Também enfatizam que "[...] o que essa busca revela é um modo de viver *em fronteira*, sempre num *outro espaço* interpelante, que por isso, tem que ser reconstruído nos seus significados para fazer e dar sentido à vida que nele se vive" (p. 461). Essas novas áreas de cruzamento permitem a criação de modificações culturais que implicam compartilhar a diversidade, dado que todos os atores incluídos se acham nos entrecruzes.

Fruto dos novos desenhos culturais, surgem os sujeitos que os autores chamam de "profissionais globais", que têm as suas referências desterritorializadas, ou seja, que têm perdido as referências locais para se inserir em um novo formato, denominado "culturas híbridas", compostas por variados aportes de culturas locais, nacionais, globalizadas, urbanas, rurais etc. Sabemos que essas culturas precisam de novos códigos de releitura para si e de ressignificação do crisol de novos conteúdos amalgamados nessas novas construções sociais e culturais.

António Sousa Ribeiro (2005) trabalha sobre o conceito de limites e fronteiras e assinala que

> [...] a abolição de fronteiras é concomitante com o deslocamento e a redefinição das fronteiras. Os processos de globalização só podem produzir uniformidade se produzirem, ao mesmo tempo, diferença; assim, a superação das fronteiras faz-se, inevitavelmente, através da produção de fronteiras. [...] Construir o Outro, nesta acepção, implica construir a fronteira que dele me separa – a fronteira começa por ser antes do mais a linha imaginária sobre a qual se projecta a noção de diferença e a partir da qual se torna possível a afirmação da identidade. (pp. 480-481)

Vemos como o conceito de cultura está se modificando, em estreito contato com o conceito de fronteira, já que a globalização não elimina as fronteiras, mas as modifica e desarticula, criando novas interações culturais.

O mesmo autor nomeia esse processo como "mestiçagem" e aponta para o fato de que essas novas culturas estão sendo construídas na fronteira, incluindo diversos modos de conviver no mundo. Torna-se, assim, a fronteira um lugar de comunicação e encontro, o qual tolera as diferenças, ideias em conflito e contradições em interação, bem como pensamentos em comum.

Carlos Fortuna e Augusto Santos Silva (2005) apropriam-se da noção de "terceiras culturas" usada por Mike Featherstone, como um terreno transnacional em que acontecem a negociação e a resolução das dificuldades que apareceram com a globalização e os relacionamentos interculturais. Aqueles sujeitos que fazem parte das terceiras culturas têm competências profissionais que lhes possibilitam viver entre culturas, fazendo-se partícipes desses lugares de desvinculação e desterritorialização. Esses mesmos sujeitos afastam os elementos que outorgam as culturas locais, conseguindo se estruturar com uma relativa independência, carregando suas próprias identidades que os definem como participantes desse grupo cultural. Assim, vemos como a cultura global, por um lado, traz a homogeneização das pessoas, mas, por outro, em vista da diversidade cultural, promove a qualidade cosmopolita. O global parece ter supremacia frente ao local, de sorte a permitir a esses sujeitos das terceiras culturas o trânsito por vários territórios portando sua própria cultura, o que os coloca em um espaço alheio às culturas dos sujeitos nos países pelos quais eles transitam.

Os autores compartilham a ideia de Souza Santos (2005) quando este descreve uma luta de poder entre as culturas hegemônicas e cosmopolitas e as contra-hegemônicas que caracterizam o local. Só por meio desses conflitos é que vão surgir outros conceitos culturais que possam dialogar e dar conta de todos os elementos que os compõem. Também pensam que os meios tecnológicos de comunicação possam ser um recurso de intermediação entre culturas, habilitando um diálogo e conciliação, na criação de uma nova cultura que abarque a todas que dela fazem parte.

Garcia Canclini (2012), no livro *Culturas híbridas*, nomeia o processo de mestiçagem como "hibridização", assinalando-o como espaço que ajuda a suportar o conflito gerado na interculturalidade, incluindo tanto as formas de junção como as de contradição, que aparecem como decisivas, no momento de dar conta dela. Entende hibridização como "[...] processos socioculturais nos quais as estruturas ou práticas discretas, que existiam em forma separada, se combinam para gerar novas estruturas, objetos e práticas" (p. 14). Desse modo, explicita um processo de mistura de culturas, com a consequente produtividade e geração de inovação que esse processo ocasiona. A hibridização interessa tanto à cultura hegemônica quanto à popular e acaba como fator que relativiza a noção de identidade nacional, porque cai por terra a ideia de identidades "puras" ou "autênticas". Desenha-se assim um percurso que transita do conceito de identidade ao de heterogeneidade e de "hibridização intercultural". Canclini (2012) ressalta que, "[...] em um mundo tão fluidamente interconectado, as sedimentações identitárias organizadas em conjuntos históricos mais ou menos estáveis (etnias, nações, classes) reestruturam-se em meio de conjuntos interétnicos, transclassistas e transnacionais" (p. 18). Dessa forma, propõe um estudo de processos culturais que ajude a conhecer os novos modos de heterogeneidade que formam as hibridizações e que implicam a interpretação de relações de sentido, as quais passam a reconstruir as misturas.

O autor nos alerta sobre o risco de que, na fusão das culturas, as contradições e rupturas fiquem por fora. Também assinala como as misturas interculturais só são produtivas e inovadoras quando geram conflito, já que incluem os elementos incompatíveis e inconciliáveis junto com aquilo que os reúne. Assim, desenha um processo em que se pode entrar e ter acesso e do qual se pode sair, mas ficando fora. Os sujeitos dentro desse processo poderiam ser excluídos ou subordinados. Porém, marcam-se diversas posições que habilitam a criação de diferentes formatos de hibridização.

Gostaríamos de focar aqui a possibilidade de inovação e criação que o processo traz e como gera diversas possibilidades de conformação e estruturação, dentro das relações interculturais. Começamos a vislumbrar a interculturalidade como um espaço de encontro e criação de variadas possibilidades e opções para o sujeito contemporâneo.

Garcia Canclini (2004) continua nos descrevendo um sujeito que oscila entre a identidade de origem e a identidade de destino, levando o migrante a falar com espontaneidade, a partir de vários lugares, sem misturá-los. Nesse sentido, o sujeito aceita fluir de um discurso cultural ao outro, acolhendo sair do foco histórico de sua cultura de origem para abrigar e sustentar vários papéis que, de outro modo, seriam vistos como incompatíveis e inconciliáveis. Junta-se, assim, a fusão com a confrontação, as disparidades com o diálogo, movimento de ir e vir que ajuda a tolerar diferenças, ligar os elementos em comum, elaborando os conflitos que acabam em variadas e diversas formas de estruturação da hibridização. Revela-se uma forma de pensar a hibridização que não se afaste da consciência crítica que aceita seus limites, fazendo um lugar para aquilo que não se deixa, que não quer ou não pode ser hibridado. Delineia

> [...] as múltiplas pertenças dos sujeitos em tempos de migrações massivas e o fácil acesso a sinais de identificação a muitas sociedades. Porém, milhões de pessoas não são já sujeitos do tempo completo de uma cultura só, e devemos admitir que a versatilidade das identifi-

*cações e as formas de tomar posição requerem metodo-*
*logias híbridas. (p. 151)*

Os meios de comunicação e as possibilidades para se deslocar no mundo aumentaram as migrações, a aceitação de hábitos culturais diversos e a difusão de crenças e rituais de várias culturas. As fronteiras rígidas dos tempos passados têm se transformado em maleáveis e confirmam, assim, poucas culturas que possam ser descritas como unidades fixas em territórios estabelecidos e imutáveis. Contudo, a globalização também tem gerado segregações e desigualdades entre as diversas culturas.

O autor nos adverte que, quando se descreve a teoria da hibridização, deve-se ter em conta os movimentos que resistem e criam uma cisão das mudanças, incluindo, dentro do processo todo, tanto os movimentos que integram como aqueles que rechaçam as modificações. Apresenta-se receoso de pensar nas generalizações, já que a fluidez das comunicações aproxima culturas e seus produtos, mas não implica uma aceitação tácita de todas as características que cada cultura traz. Dessa forma, estaríamos a salvo das generalizações que obstruem as diferenças, respeitando na mestiçagem aquilo que é deixado de fora, por ser um conteúdo resistido que permanece e coexiste nas intersecções como diferente e diverso. Propõe, dessa maneira, não ficar preso à lógica da homogeneização e da globalização dirigida pelos mercados financeiros que gerenciam o capital dominante. Por meio dessa postura, propõe que não se empobreçam os movimentos de interculturalização, afastando a possibilidade de imposição de uma lógica única do capital. Afirma que pensa a hibridização como uma tradução de todas as misturas possíveis dentre as culturas em situação de mestiçagem.

Por último, nomeia a arte como uma forma de aproximação ao processo de hibridização, constituindo-se também como um campo instável, conflitivo, de tradução e "traição", de linguagem e vertigem, ao mesmo tempo.

Apoiando essa ideia da arte como aquela que consegue abrir sentidos e significações, gostaríamos de voltar ao texto do início do capítulo, no qual Siegfried Lenz (1985) nos inquire sobre aquele espaço no mundo em que o sujeito se sente "em casa"; descarta a terra de nascença, onde estão as raízes, e salienta a importância de se sentir reconhecido e pertencente a esse lugar investido subjetivamente pelos outros, que, na intersubjetividade e em vínculo, o reconhecem e o assinalam como sujeito que faz parte desse determinado espaço e lugar. Seriam, por conseguinte, os outros que inscrevem o sujeito, inserindo-o nos laços sociais como pertencente a um social que o estrutura e constitui.

# 3. Migrações

E Moisés disse ao povo: Lembrai-vos deste
mesmo dia, em que saístes do Egito, da casa da
servidão; pois com mão forte o Senhor vos tirou
daqui; portanto não comereis pão levedado.
Hoje, no mês de Abibe, vós saís.

Êxodo, 13:3-4

Desde os tempos imemoriais, o homem tem migrado em busca de mudanças e de transformações. As migrações do sujeito contemporâneo não desenham um processo novo, mas tentaremos caracterizar as migrações contemporâneas do século XXI, visto que o formato tem se modificado ao longo do tempo.

Na consulta ao dicionário *Aurélio*, migrações são definidas como "[...] passagem de um país para outro (falando-se de um povo ou quantidade de gente)". E também como "[...] viagens periódicas, ou irregulares, feitas por certas espécies de animais". Vemos como essa passagem imprime um caráter migrante, transitório, de ruptura e crise, tanto no ser humano quanto nos animais.

A psicóloga argentina Susana Seidmann (1990) delineia o migrante, em sentido estrito, como aquele que muda seu lugar habitual de residência por um tempo com a consequente reconstrução de seu cotidiano; porém, em um sentido amplo, são os sujeitos que recebem a influência da migração. Isso fará com que o migrante redefina hábitos e condutas, no novo país, para fazê-los subjetivamente significativos. Na mudança de país, perdem-se os significados culturais que terão de ser ressignificados para corresponder com seu novo entorno, com seus vínculos e consigo mesmo.

Milton Santos (2007) trata das migrações e nos transmite como estas "[...] agridem o indivíduo, roubando-lhe parte do ser, obrigando-o a uma nova e dura adaptação em seu novo lugar. Desterritorialização é frequentemente uma outra palavra para significar alienação, estranhamento, que são, também, desculturização" (p. 82). O autor alude à dor pelas rupturas e às perdas da cultura como âncora e salvaguarda do conhecimento de modos de pensar, agir e inserir-se no social em um dado território. Isso nos traz um foco na dor individual que implica, já que cada sujeito terá que fazer sua própria adaptação e construir sua própria forma de morar nesses universos cruzados pelas semelhanças e pelas diferenças, os quais trazem à tona esse trânsito pelo mundo. A perda e o luto serão algumas das fases desse périplo individual, e a psicanálise sabe dar conta dessas operações psíquicas e vinculares, sendo essas questões algumas das que aprofundaremos mais à frente. Podemos pensar que, depois do reconhecimento e da perda da cultura própria na terra de nascença, o sujeito consiga reformular uma cultura que faça sentido para ele mesmo, dando conta da nova realidade em que está vivendo.

De maneira muito certa, Dante Moreira Leite (1954) salienta que "[...] a participação numa cultura não é obstáculo intransponível para o ajustamento a outra, desde que o indivíduo tenha possibilidade material de adquirir as habilidades exigidas pelo novo ambiente" (p. 123). Vemos como esse trânsito representa um périplo em constante adaptação, entre a cultura própria e as estrangeiras que os sujeitos frequentam. Isso pressupõe um processo psíquico de adaptação e criação de uma cultura própria que dê conta de todo o aprendido e incorporado, assim como do excluído e afastado. Colcha de retalhos de uma história de vida e de trânsito pelos diversos territórios que a permeiam e a acolhem.

Por último, o autor nomeia a psicanálise como a ciência que consegue fazer uma leitura do inconsciente daquilo que os antropólogos estudam como comportamentos explícitos dos indivíduos. Os psicanalistas interpretam a leitura que os antropólogos fazem da realidade. Vamos nos valer da psicanálise, no próximo capítulo, para tentar nos aprofundar em conceitos discutidos aqui.

García Canclini (2012), ao definir a modernidade, o faz como um movimento de busca de entrada e de saída, o qual os sujeitos que a assumem desenham em uma oscilação entre as tensões da desterritorialização e da reterritorialização: "[...] com isto me refiro a dois processos: a perda da relação 'natural' da cultura com os territórios geográficos e sociais, e, ao mesmo tempo, certas relocalizações territoriais relativas, parciais, das velhas e novas produções simbólicas" (p. 281).

Vemos como a cultura vai se transformando em função dos movimentos da globalização, fazendo cair por terra a noção de cultura coerente com um território e um povo. Alude-se, pois, à transnacionalização dos mercados simbólicos e das migrações, que causam um movimento entre circuitos fronteiriços. Michel

Certeau (1981) afirma que "[...] a vida consiste em atravessar constantemente fronteiras" (p. 10).

Carlos Fortuna e Augusto Santos Silva (2005) remetem a zonas de intermediação para os profissionais que pertencem às terceiras culturas, uma vez que ainda esses sujeitos, em relação com a cultura local, não entram em um relacionamento muito próximo, surgindo uma relação de estranhamento entre os pertencentes às terceiras culturas e os locais. Os sujeitos das terceiras culturas se comunicam melhor entre eles que com os pertencentes às culturas locais, porém, são equiparados à figura do estranho dentro do social. Aparece aqui uma relação que se baseia na ambiguidade, já que

> [...] o estranho é o diverso incógnito perante o qual se suspende qualquer avaliação apriorística. Sem estatuto definido, o estranho reenvia-nos, assim, para uma atitude expectante e tolerante que não se confunde nem com o crédito concedido aos amigos, nem com o descrédito conferido aos inimigos. (Fortuna & Silva, 2005, p. 452)

Descrevem, assim, as cidades modernas, nas quais os relacionamentos se dão entre estranhos que têm que se desenvolver, dentro do que eles nomeiam como tolerância cultural, para conseguir uma convivência.

Retomaremos o conceito do estranho no próximo capítulo, à luz da psicanálise, para pensar sobre os processos inconscientes que se ocultam sob os fenômenos que as ciências sociais focam.

# Multiculturalidade, transculturalidade, interculturalidade

Como resultado das migrações, expatriações, intercâmbios de profissionais e mão de obra qualificada entre nações, surgem vários termos que tentam dar conta da diversidade e da forma de lidar com eles. Buscaremos discuti-los e tomar uma posição que nos permita compreender os expatriados, sujeitos do presente trabalho, ao mesmo tempo que escolheremos um dos conceitos como preponderante no desenvolvimento intersubjetivo na experiência de expatriação.

## Multiculturalidade

O termo *multiculturalidade* utiliza o prefixo *multi*, que, no dicionário, indica "muito", "numeroso". A multiculturalidade implica um conjunto de culturas que estão em contato, mas não se misturam: trata-se de várias culturas no mesmo patamar. As diferenças ficam estanques e separadas em cada cultura, possibilitando pensar no que os antropólogos chamam "a lógica do Um", em que só há uma verdade a ser seguida e uma forma de pensar o mundo. Tal forma não admite contraponto de ideias, discussão ou questionamento. Baseia-se em uma lógica binária, na qual uma ideia é correta e outra é diferente e incorreta, só se complementando com ideias similares e tentando se afastar de conceitos que contrariam o pensamento predominante.

A antropóloga María Laura Méndez (2013, comunicação oral) assevera que a lógica do Um supõe uma metafísica monovalente e uma lógica binária, baseada na dicotomia verdadeiro-falso. A autora se refere ao multiculturalismo como conceito que supõe muitas culturas, entre as quais uma delas é hegemônica. Esse conceito se baseia na colonização, em que um povo era conquistado por outro e, por isso, uma cultura se impunha frente às outras: a cultura do colonizador tentava apagar a cultura do colonizado. Isso leva à generalização e à universalização dos conceitos culturais, porque intentam anular as culturas diferentes para dar preponderância à cultura colonizadora que exerce o poder. O multiculturalismo está colocado fundamentalmente pelas teorias norte-americanas, nas quais não visualizamos nenhuma preocupação com a descolonização, mas a preeminência de uma cultura como "a certa", exercendo o poder sobre as outras.

Pierre Bourdieu (2000) menciona o que ele chama de

> [...] *a nova vulgata planetária que apóia-se numa série de oposições e equivalências, que se sustentam e contrapõem, para descrever as transformações contemporâneas das sociedades avançadas: desengajamento econômico do Estado e ênfase em seus componentes policiais e penais, desregulação dos fluxos financeiros e desorganização do mercado de trabalho, redução das proteções sociais e celebração moralizadora da "responsabilidade individual". (p. 5)*

A partir dessa visão do mundo contemporâneo, quando o autor trata de multiculturalismo, ele o associa à política norte-americana, que, junto à globalização, impõe uma definição de mundo com um olhar americano capitalista e individualista, em que se abandonam as particularidades nacionais e peculiaridades históricas de cada povo, para se homologar um mundo homogêneo, regido pelo olhar universalista. Frisa aqui a imposição do multiculturalismo. Menciona as universidades americanas como aquelas nas quais os conhecimentos tentam anular as particularidades sociais e impor uma visão fora do contexto histórico como aquela que abrangeria todo o planeta. Essa visão do mundo seria veiculada por meio das

> *[...] instâncias supostamente neutras do pensamento neutro que são os grandes organismos internacionais. Além do efeito automático da circulação internacional de idéias que, por sua própria lógica, tenta ocultar as condições e os significados originais [...] tende a ocultar as raízes históricas de todo um conjunto de questões e de noções: a "eficácia" do mercado (livre), a necessidade de reconhecimentos das "identidades" (culturais), ou ainda a reafirmação-celebração da "responsabilidade" (individual). (p. 2)*

Assim, o multiculturalismo, que tentava designar um pluralismo cultural, acaba sendo confinado como um discurso universitário norte-americano que se apresenta como universal e único, definindo-se como aquela cultura dominadora que prevalece sobre a dominada. Esse discurso acaba encobrindo a submissão globalizada aos mercados financeiros.

Bourdieu (2000) coloca o conceito de

> *[...] imperialismo cultural como uma violência simbólica que se apóia numa relação de comunicação coercitiva para extorquir a submissão e cuja particularidade consiste, nesse caso, no fato de universalizar particularismos vinculados a uma experiência histórica singular, ao fazer com que sejam desconhecidos, enquanto tal, e reconhecidos como universais. (p. 2)*

Vemos como diversos autores coincidem no momento de definir o conceito de multiculturalidade.

García Canclini (2004) define "[...] o mundo multicultural como a justaposição de etnias ou grupos em uma cidade ou nação" (p. 14). Nessa apreciação, admite-se a diversidade de culturas, sublinhando as diferenças e propondo políticas relativistas que geralmente reforçam a segregação. Dessa forma, aceita-se o heterogêneo. O autor também reforça que os livros que abordam a multiculturalidade em geral estão escritos na língua inglesa e provêm dos Estados Unidos e da Grã-Bretanha ou de suas ex--colônias, concentrando-se em relações interétnicas ou de gênero, assim como na comunicação intercultural, na qual se comparam culturas que persistem como sistemas anteriores e fechados. As críticas ao multiculturalismo focam na predominância de um sistema segregacionista e em versões etnocêntricas, as quais obrigam a reconhecer apenas uma cultura. Por último, enfoca a diferença entre multiculturalidade e multiculturalismo:

> A multiculturalidade, ou seja, a abundância de opções simbólicas, propicia enriquecimentos e fusões, inovações estilísticas, tomando emprestado de muitas partes. [...] O multiculturalismo, entendido como programa que prescreve cotas de representatividade em museus, universidades e parlamentos, como exaltação indiferenciada dos acertos e penúrias de quem compartilha a mesma etnia e o mesmo gênero, encurrala no local, sem problematizar sua inserção em unidades sociais complexas em grande escala. (p. 22)

# Transculturalidade

No dicionário, o prefixo *trans* é associado a uma relação química.

María Laura Méndez nos remete à transdisciplina como o formato em que as disciplinas dialogam, apresentando bordas que as diferenciem, mas que são permeáveis, pois conseguem conversar e estabelecer trocas de ideias. A transdisciplina é uma figura na qual as disciplinas não perdem a sua especificidade, porque interagem e se permitem buscar nas bordas para achar o que lhes é comum e estabelecer encontros possíveis, ou respostas que deem conta de uma situação desde diversos pontos de vista. Propõe um trânsito pelo que é comum, ao mesmo tempo que estabelece um intercâmbio a partir das bordas, e não exige que nenhuma disciplina abandone sua perspectiva, nem sua posição. Para instaurar um diálogo, precisa-se de pontos de vista diferentes, porém, para entrar de fato em diálogo, precisamos poder sair de nosso ponto de vista e ser permeáveis o suficiente para escutar o outro e permitirmos nos modificar.

O termo *transcultural* é usado fundamentalmente pela corrente austro-húngaro-francesa de pensamento, que é a etnopsicanálise. Os autores dessa corrente combinam um olhar da antropologia com um olhar da psicanálise, ou seja, trabalham na transdisciplina. Nesse trabalho, a etnopsicanálise propõe a discussão das representações culturais que providenciam um marco na construção das narrativas dos migrantes, cujo propósito é ajudar a estabelecer uma conexão entre o presente e o passado dos sujeitos que migram para outra cultura.

A terapia transcultural baseia-se nos conceitos da etnopsiquiatria fundada por George Devereux (1966). Mais tarde, Tobie Natan (1979) cria o primeiro ambulatório de etnopsiquiatria, na

França, no hospital Avicenne, em Bobigny, chamado Centre George Devereux, em homenagem ao criador da teoria. Posteriormente, Maria Rose Moro assume a chefia do Centro, em 2001, continuando com o trabalho terapêutico com migrantes na França. A autora relata como tentam criar um diálogo entre a história do paciente, os conflitos internos e os diferentes universos sociais e simbólicos que os atravessam. É uma teoria dinâmica, que procura uma constante discussão entre o social como contexto simbólico do migrante e sua dinâmica intrapsíquica, e a consequente modificação que apareça a partir do diálogo. Por meio dessa teoria, chega-se a renegociar a posição social do migrante.

A terapia desenvolve-se em grupo, e participam do atendimento a família migrante e um grupo de profissionais (psicanalistas, tradutores, antropólogos, linguistas etc.) que os acolhe. A orientação do trabalho visa tentar estabelecer pontes entre diferentes universos simbólicos, entre o passado e o presente, entre o espaço interfamiliar e o mundo externo, de sorte a, assim, compreender a particular representação que esses migrantes criaram entre a cultura nativa e a cultura do país de acolhimento. A linha da etnopsicanálise aponta, dessa maneira, uma experiência de conhecimento das diferenças culturais na qual o grupo, de família e terapeutas, possibilita que as experiências de uns e outros se potencializem e enriqueçam. Moro (1998) define a "[...] etno-psicanálise sobretudo como uma pragmática do vínculo e da multiplicidade" (p. 115).

No encontro com as famílias migrantes, os terapeutas defrontam-se com uma dificuldade de compreensão linguística, das representações culturais e da forma como os migrantes se desenvolvem no mundo.

A autora sublinha a importância, ao mesmo tempo, da língua materna do paciente e da língua de passagem, o que desenha um

trânsito de uma língua a outra, por isso, coloca como tarefa fundamental partir das representações culturais dos migrantes. A possibilidade de falar a língua materna permite uma maior narrativa ao
paciente e é um signo de reconhecimento das origens; dessa forma,
ao habilitar uma aproximação às raízes, não serão barradas as rotas
para conhecer outros mundos possíveis. O uso da língua materna
flutua em função da evolução e da elaboração dos conflitos culturais familiares.

No trabalho com os migrantes, apresenta-se um paradoxo,
porque, por um lado, eles têm medo das diferenças culturais da
sociedade que os acolhe e, por outro, esse sentimento entra em
contradição com a necessidade de serem eles mesmos no exílio, e
não viverem essa diferença. A possibilidade de aceitar as diferenças
culturais como uma diferença criativa enriquece os seres humanos.
A etnopsicanálise, como prática psicoterapêutica, tenta desenvolver uma aprendizagem da descentração, que propicie aos sujeitos a
aceitação de suas produções culturais e psíquicas e de suas maneiras de pensar e viver. Recorrem à capacidade de reconhecer as diferenças não como um obstáculo que separa, mas como um apelo à
complexidade humana que aparece na situação clínica.

## Interculturalidade

A palavra começa com o prefixo *inter*, que, no dicionário, é
identificado como "posição intermediária", "reciprocidade", "interação", interpondo uma forma de estabelecer uma ponte, uma intermediação, um encontro, para formar uma rede na interculturalidade. Diversas ciências e distintos cientistas têm trabalhado sobre
o conceito; tentaremos apresentar alguns para ensejar a discussão.

María Laura Méndez (2013, comunicação oral) ressalta que, para pensar a interculturalidade, temos que sair da lógica do Um e nos situar na lógica multívoca, a qual pressupõe multiplicidade e devir, e dentro da qual não podem ser feitas totalizações. Essa multiplicidade acarreta sempre diferença e se conforma dentro da heterogeneidade e de suas combinações imprevisíveis. Não pode se fazer uma teoria da interculturalidade, porque isso implicaria uma generalização e universalização, o que é impossível. Méndez define a interculturalidade como "[...] uma série de gestos, práticas, que supõem sempre uma situação". Na leitura dos signos que revelem a interculturalidade, podemos nos sentir violentados em nossas representações e modos habituais de reconhecimento. Por meio da leitura dos signos, enxergaremos outros elementos que fazem parte da situação em relações diversas. A autora concebe toda construção intercultural como uma situação em que a combinação dos elementos é inesperada e complexa. Nomeia o processo como mestiçagem, o que significa falar de uma combinação ou montagem de elementos heterogêneos em que cada um conserva sua particularidade, dentro da qual permanece a diferença. O conceito representa um diálogo em imanência, em paridade, um diálogo de confiança, criando uma estética de muitas vozes que falam e conversam, se sucedem, se contradizem e, às vezes, também se interrompem. Esse diálogo tem que ser posto em prática, para ter as ideias encarnadas, fazendo-se presentes na pluralidade de pontos de vista, sem que nenhum prevaleça sobre o outro. Na visualização e enunciação das forças de poder se formarão espaços para diferentes processos de subjetivação. A interculturalidade se separa da cultura hegemônica na procura de diálogos ou gestos interculturais.

A autora salienta que a globalização tem trazido um paradoxo, já que um dos objetivos era criar certa uniformidade, porém, o que tem acontecido são diferenças e desigualdades. Todavia, a interculturalidade não pode propor que uma cultura seja superior à outra, apenas diferente, em diálogo e em situação. Seria imperioso transitar pela descolonização para conseguirmos deixar a pluralidade de culturas em paridade, em interculturalidade.

García Canclini (2004) salienta que a interculturalidade remete à confrontação e a entrelaçamentos, porque se trata de grupos entrando em relacionamento e intercâmbio, entre os quais a diferença estabelece relações de negociação, conflito e empréstimo recíproco, respeitando as disparidades. Esse movimento se deve à desestabilização das ordens nacionais e étnicas geradas pela nova interdependência que a globalização suscita. As fronteiras ideológicas e culturais se desvanecem e incrementam a junção de culturas com um desenho particular. Nas conexões, presta-se atenção às misturas e aos mal-entendidos que circulam nos grupos, para tentar compreender como cada grupo se apropria e reinterpreta os produtos simbólicos alheios. A interculturalidade permite tornar mais complexas as situações, dentre as quais as teorias da diferença têm que se articular com as concepções da interculturalidade, entendendo interação como desigual, conexão/desconexão, inclusão/exclusão. A política da diferença traz um equilíbrio interpretativo na interculturalidade. O autor menciona uma passagem do multicultural ao intercultural e o descreve: "[...] a passagem que estamos registrando é de identidades culturais mais ou menos autocontidas a processos de interação, confrontação e negociação entre sistemas socioculturais diversos" (Canclini, 2004, p. 40). Assim, abandona o conceito de multiculturalidade, assumindo o conceito de interculturalidade.

No presente trabalho, não faremos uso do conceito de multiculturalidade, uma vez que implica a preeminência de uma cultura sobre a outra; da mesma maneira, não aprenderemos o conceito de transculturalidade por este se apoiar mais nas culturas e em seus atravessamentos sociais e menos na intersubjetividade e vincularidade do caso a caso. Nessa reflexão, trabalharemos com o conceito de interculturalidade, a fim de dar conta dos expatriados e seu trânsito cibernético, territorial e globalizado. Privilegiamos tal conceito, porque apresenta as culturas em conflito e em diálogo simultâneo, não tentando obstruir as diferenças e sim fazer com que elas conversem e se entrelacem. Essa ideia do sujeito intercultural, contemporâneo em conflito, é compartilhada pela psicanálise, porque Freud parte do pressuposto de que o ser humano é um ser em conflito, sendo o conflito inerente à vida. A interculturalidade também permite ampliar horizontes, dando lugar às diferenças e apontando ao enriquecimento e mudança contínua. Pensamos que o conceito de interculturalidade se aplica tanto à visão dos sujeitos marcados intersubjetivamente por diversas culturas quanto ao conceito psicanalítico de sujeito do qual partimos. Igualmente, temos em consideração o conceito de "*ajeno*"[1] que a teoria das configurações vinculares privilegia, deixando espaço para a negatividade radical que pressupõe o novo que surpreende e é conhecido pelo sujeito vincular no *après-coup* das situações novas. A teoria parte também do conceito de acontecimento, que deixa marcas *a posteriori* nos sujeitos vinculares ao se defrontar com situações de novidade e diferença em seu trânsito pela vida. Cremos que o termo *interculturalidade* abarca todas as características antes mencionadas, as reúne e amplia nos casos de sujeitos expostos a vários contextos culturais.

---

1　Conceito cunhado pela teoria das configurações vinculares para o qual não temos uma tradução literal em português, pois os termos *alteridade* ou *alheio* não conseguem circunscrever todo o sentido de "*ajeno*".

# Dos diferentes e desiguais aos desconectados

Para trabalhar a interculturalidade, temos que abordar conjuntamente, em uma trama, as semelhanças, as diferenças, as desigualdades e a desconexão. Tentaremos dar conta desses conceitos e da passagem de uns para outros em função da realidade do mundo atual no século XXI.

A desigualdade remete a um registro socioeconômico e a diferença remete a práticas culturais. García Canclini (2004) salienta que, muitas vezes, as diferenças culturais se inserem em sistemas nacionais e transnacionais de intercâmbio para tentar corrigir a desigualdade social.

Ao pensar as diferenças na cultura, o autor sublinha que "[...] as culturas têm núcleos ou estruturas incomensuráveis, não redutíveis às configurações interculturais sem ameaçar a continuidade dos grupos que se identificam com eles" (p. 55). Precisa-se então do reconhecimento e proteção dessas diferenças pela importância cultural e política, já que só na marcação de um espaço para as diferenças é que se fazem possíveis a continuidade e a existência delas.

Pierre Bourdieu (1980) constrói uma teoria sociológica que favorece a leitura da diferença a partir da desigualdade e faz uso da teoria marxista para repensar o materialismo histórico na arte, na educação e na cultura. Pondera a construção das diferenças socioculturais dentro do consumo e vale-se da cultura para compreender as diferenças sociais, dentro da sociologia do poder. As práticas culturais são pensadas no processo de produção e funcionam como seleção que exclui ou inclui, sem que isso seja abertamente enunciado. Para expor a especificidade da diferenciação e da desigualdade cultural, o autor constrói um esquema ordenador que nomeia como a "teoria dos campos", na qual propõe situar o artista e sua obra dentro do sistema de relações que geram as condições de produção e circulação dos produtos, ou seja, no campo cultural. O campo comum é gerado por um produto e pelas condições históricas que levaram a essa produção. Os campos culturais que estuda são a ciência, a filosofia e a arte. Dentro dos campos, haveria uma luta pelo poder, pela supremacia. A diferença se estrutura na forma de usar os bens que cada classe estabelece e em como essas classes se relacionam com aquelas obras com as quais compartilham um significado estético comum, estabelecido como a estética dominante. Desse modo, a arte organizaria de forma simbólica as diferenças entre classes sociais.

As ideias de Bourdieu ajudam a compreender o mercado interclasses de bens, mas a sociologia pós-Bourdieu, especialmente Sergio Miseli (1972), Claude Grignon e Jean-Claude Passeron (1991), propõe que esta teria que ser reformulada para incluir os produtos culturais dos setores populares, os produtos independentes não ligados às condições de vida e a releitura que os locais fazem da cultura hegemônica tendo em conta seus próprios interesses. A questão que se expõe é como dar espaço às culturas populares e a suas manifestações simbólicas e estéticas. Dadas as modificações do social, pelos intercâmbios nacionais e internacionais, as inovações tecnológicas e o neoliberalismo econômico, muda-se o sentido do desigual, pois importam as diferenças dentro dos mercados transnacionais, o que acentua as desigualdades. Substituem-se os termos diferentes e desiguais pelos de inclusão ou exclusão.

Fazemos esse percurso histórico das teorias uma vez que pensamos que estas vão se construindo na história, porém, rastreamos o percurso das ideias até chegar aos conceitos anteriormente explicitados de multiculturalidade, transculturalidade e interculturalidade. García Canclini (2004) enfatiza que a forma de enxergar o mundo em níveis que se diferenciavam pelas nacionalidades, a que aludia Bourdieu (1980), é substituída agora pelo conceito de rede.

Os incluídos aparecem como aqueles conectados à rede, enquanto os excluídos são os desconectados, que ficam fora do mundo conexionista atual. Não prevalece a pertença, porém, a mobilidade, a desterritorialização, o nomadismo, frente aos quais se dá uma oscilação constante entre o global e o local. Aparecem assim, para o autor, duas populações que habitam o mundo: aquelas que têm maior capacidade de se deslocar nos espaços geográficos e interculturais, e aquelas que ficam fixas com imobilidade. Todavia, entre essas duas populações, veem-se relações complementares, já que aqueles incluídos que são nômades e que resultam enriquecidos só conseguem fazê-lo graças aos que ficam excluídos, localizados, se prestando a serem os "duplos" daqueles que se trasladam.

Vemos como o autor concebe uma nova forma de distribuir e estratificar a população, em função de outros parâmetros; agora, o celular aparece como o grande objeto do mundo conexionista que permite que os incluídos se trasladem, pois sabem que sempre terão alguém excluído que fica como base, na ponta da linha.

*A exploração fortalece-se em um mundo conexionista a partir da imobilidade dos pequenos, e graças à duração com que os nômades acumulam mobilidade e multilocalização. O forte é aquele que antes de tudo logra não ficar desconectado e por isso adiciona conexões [...]. Agora o capital que produz diferença e desigualdade é a capacidade ou a oportunidade para se mover, mantendo redes multiconectadas. As hierarquias no trabalho e o prestígio vão associados não só à possessão dos bens localizados, mas ao domínio de recursos para se conectar.*

> *Porém, nós estaríamos errados se olhássemos para esse processo de modo linear. Este mundo hipermóvel aumenta as dificuldades para identificar pontos de enraizamento, regras estáveis e zonas de confiança. A autonomia e a mobilidade se obtêm em troca da segurança [...] O capital social tem-se estendido às relações internacionais, deslocando seu eixo das possessões territoriais aos recursos intangíveis de mobilidade e às conexões. (Canclini, 2004, p. 76)*

Identifica trabalhadores procurados por ter disposição conectiva e, ao estar conectados pela rede, não terão limite de horário para trabalhar e podem ser alcançados em qualquer lugar e a toda hora. Esse seria o perfil do homem contemporâneo, procurado para trabalhar nas empresas multinacionais.

Os três modelos – diferentes, desiguais e desconectados – têm que ser pensados em conjunção, já que estão fortemente relacionados e são complementares; com efeito, seriam mais bem descritos como diferentes-integrados, desiguais-participantes e conectados--desconectados. Para García Canclini (2004), somente pensando na cidadania como forma contrária à exclusão é que se pode pensar no acesso aos recursos que gerariam capacitação aos indivíduos.

O autor sublinha sua hipótese de trabalho, baseada em:

> *a) permitir que os objetos de estudo e ação de cada campo sejam confrontados, quer dizer, desafiados pelos outros com que têm relação...*

> *b) deixar que dentro da globalização emerjam as perguntas da interculturalidade, das fronteiras que não caem ou somente mudam de lugar, das diferenças e de-*

*sigualdades não diluíveis na globalização. [...] Em um tempo de globalização, o objeto de estudo mais revelador, mais questionador das pseudocertezas etnocêntricas ou disciplinares é a interculturalidade. O científico social pode, através da investigação empírica das relações interculturais e a crítica autorreflexiva das fortalezas disciplinares, tentar pensar agora desde o exílio. Estudar a cultura requer, então, se converter em um especialista das interseções. [...]. Penso em uma investigação das diferenças que não exclua a desigualdade, um trabalho de campo sobre processos empiricamente localizáveis que não os desconecte das redes transacionais, um saber atento à voz dos atores, sem por isso dissimular as condições institucionais que o legitimam ou financiam [...] Fidelidade e ironia. (pp. 101, 118)*

## Sujeitos interculturais conectados contemporâneos

Este é o sujeito com que iremos trabalhar. As ciências sociais estão nos auxiliando para descrevê-lo e caracterizá-lo. A partir do acesso direto aos casos clínicos com os expatriados, faremos uma leitura psicanalítica, assim como uma confrontação com as descrições feitas e assinaladas neste texto.

García Canclini (2004) assinala:

*[...] as identidades dos sujeitos formam-se agora nos processos interétnicos e internacionais, entre fluxos produzidos pelas tecnologias e as corporações multinacionais; intercâmbios financeiros globalizados, repertó-*

> *rios de imagens e informação criados para serem distri-*
> *buídos a todo o planeta pelas indústrias culturais. Hoje*
> *imaginamos o que significa serem sujeitos não somen-*
> *te desde a cultura em que nascemos, mas desde uma*
> *enorme variedade de repertórios simbólicos e modelos*
> *de comportamento. Podemos cruzá-los e combiná-los*
> *[...]. Os sujeitos vivem trajetórias variáveis, indecisas,*
> *modificadas uma e outra vez. Viver em trânsito, em es-*
> *colhas que mudam e são inseguras, com remodelações*
> *constantes das pessoas e suas relações sociais, parece*
> *conduzir a uma construção mais radical [...]. As cer-*
> *tezas das teorias sobre o indivíduo e a sociedade são*
> *postas entre sinais de pergunta pela recomposição das*
> *ordens socioculturais que alcançam a todos. (p. 161)*

Esses sujeitos interculturais começam a habitar em todos nós, já que sempre estamos atravessados por formas de hibridização entre o tradicional e o moderno, entre o culto e o popular, consti-tuindo-nos como sujeitos mais livres, sem as restrições que antes nos eram impostas pela fidelidade a uma nação, religião, etnia etc.

Por um lado, aumenta a heterogeneidade e as possibilidades de referências para construir nossa identidade, mas, por outro lado, isso cria incertezas. Defrontamo-nos com homens nômades que exaltam a desterritorialização e pensam que, à medida que os vín-culos vão se debilitando, o sujeito sente liberação das ataduras an-teriores. Dessa forma, abandonam-se as imagens das pessoas sujei-tas a um território fixo, o que aumenta a percepção de um mundo constituído e visualizado em formato de rede.

O autor vislumbra ainda uma tensão entre a exigência de se constituir como sujeitos sumamente flexíveis e a necessidade de se conformar como alguém com certa especificidade e permanência no tempo. Perguntamo-nos como isso seria possível, porque são duas correntes que circulam na contramão. Essa dupla exigência se transforma em um paradoxo, visto que, neste mundo conexionista, exige-se de nós sermos suficientemente maleáveis para nos adaptar às situações e culturas; por outro lado, aquele que vive se adaptando e usufruindo de novos papéis corre o risco de passar inadvertido e se transformar em alguém pouco digno de confiança, por não ter uma constância que o cerque dentro de uma determinada identidade social.

Os efeitos da globalização também podem ser negativos, sobretudo quando olhamos para os migrantes que estão dentro do mundo conectado, mas que não têm conseguido se estabelecer; desse modo, a migração aparece contendo mais desenraizamento que liberação, deixando o sujeito exposto a uma situação de vulnerabilidade e solidão, além e aquém do enriquecimento esperado, ao assumir tantos riscos.

Além disso, temos que considerar os migrantes pobres e exilados que lutam para encontrar uma forma de pertencer, para se sobrepor à violência gerada pelos Estados que os abandonam e os deixam fora do sistema de seguridade social, defrontando-se com uma nova condição, que é a de não poder se manifestar como cidadãos. Aparecem igualmente contradições entre Estados nacionais que somente têm competência para legislar localmente, frente ao fluxo de capital global que flui sem regulamento nenhum que garanta a participação dos cidadãos em nível transnacional. Assim, vemos surgir um traço antidemocrático, já que o processo de globalização retira dos cidadãos a possibilidade de tomar decisões ativas; estes ficam isolados diante da interpendência gerada pela globalização que se estabelece entre capital, circulação e consumo de bens. A liberdade para serem sujeitos interculturais se reduz a uns poucos, que são os que administram os grandes investimentos. Dessa maneira, o poder se apresenta como despersonalizado, e isso contribui para retirar a identidade da maioria dos habitantes do mundo.

Maria Inês Assumpção Fernandes (2005), por sua parte, salienta como,

> [...] atualmente, o mundo de hoje globaliza os lugares e obriga a um rearranjo de fronteiras. Com a reestruturação do espaço cria-se uma nova geografia (econômica, política, etc.) da globalização e há a emergência de uma nova "família de lugares". (Fernandes apud Santos, 1994, p. 12)

> A catástrofe social, no caso de Paris – cidade destruída é metáfora da perda de marcas identificatórias que garantem o laço social, dos sujeitos entre si, com as instituições, nas famílias. O contexto social torna-se incoerente, incompreensível e sem garantias. As regras que governam a interdependência grupal não são mais reconhecidas. As produções culturais, as maneiras próprias de viver, de morar e de pensar, apoiadas nessas regras, fragmentam-se. (Fernandes, 2005, pp. 79-80)

Por outro lado, a autora aponta para a necessidade de se estar inserido em um código social, o que faz com que os sujeitos estejam incluídos em uma história, permitindo um trabalho de memória e recuperação daquilo que foi perdido e barrado, para ser recuperado e incluído na cultura dos sujeitos. Perguntamo-nos, junto com Fernandes, como isso poderia ser feito por parte dos imigrantes que se defrontam com uma perda do cotidiano que os rodeia e da língua que os norteia, o que os deixa em um universo em que eles não dominam códigos comuns que os habilitam a habitar um determinado território, no tempo e espaço. O que se perde na migração é o sentimento de pertencimento outorgado pela habitualidade que dá o morar. A autora salienta como só por meio do tempo vivido se vai criando um sentimento de familiaridade com o espaço geográfico, paralelamente à experiência de "interioridade". Desse modo, o ambiente físico operaria como sustentação da memória, estabelecendo quem somos e de onde viemos, gerando um antes e um depois como uma linha contínua que possibilita ao sujeito se identificar com uma dada cultura e se sentir parte dela. O morar aparece assim como um sentimento que habilita um pertencimento a um dado espaço, do qual os sujeitos se sentem parte integrante. A autora faz um convite:

> Deve-se, portanto, proceder a análises que relacionem a modernidade e a metropolização, a mundialização e a fragmentação do espaço urbano, o que permitiria, quem sabe, o diálogo entre os projetos para a construção dos espaços para a cidade, os projetos da cidade (saúde, educação, urbanismo, cultura) e os projetos de vida. (Fernandes, 2005, p. 80)

Vemos como a proposta abre a uma mobilidade e possibilidade de mudanças ainda dentro do familiar e conhecido, aceitando um movimento de ir e vir, tanto de habitantes quanto das cidades em si.

Instaura-se, nessa perspectiva, uma circulação que permite um trânsito dentro do ir e vir dos sujeitos, construindo a história do morar e habitar a terra. A autora enfatiza como o morar nômade admite um atravessamento de fronteiras e mobilidade no tempo;

além disso, tem-se a mestiçagem como modelo que recria o antigo no lado do atual, nas culturas das diversas etnias que conformam o modo de viver, fazer e morar nas cidades.

Canclini (2004), por sua parte, enfatiza a necessidade de procura de uma interculturalidade que inclua a continuidade dos pertencimentos étnicos, grupais e nacionais ao lado do acervo transnacional, pois alega que conhecer significa se socializar na aprendizagem das diferenças e na possibilidade de levar à prática os direitos humanos interculturais. Aceder à diversidade implica a articulação da diferença com a conexão, abrangendo o conhecimento do outro, na aprendizagem de lidar com a sua diferença. A expansão das telecomunicações amplia o conhecimento de diversas etnias, grupos e culturas, ao mesmo tempo que nos põe em evidência aquilo que não vamos poder partilhar com os outros por estes serem diferentes. Trata-se de salientar a necessidade de criar um espaço no qual possa se organizar a diversidade, dentro da globalização, para que tal diversidade não crie desglobalização, na exclusão de alguns e inclusão de outros mais favorecidos.

Propõe retirar o estigma das diferenças, aceitando a estranheza que o outro gera em cada um de nós e a recusa das diferenças pela deposição, no outro, daquilo que negamos em nós mesmos. Ao nos integrar, apesar das discrepâncias, talvez se propicie a passagem da exclusão à conexão e à intercomunicação, dentro da interculturalidade, o que abriria a possibilidade de maior disponibilidade para conseguir viver com as divergências ao lado das coincidências do sujeito intercultural globalizado.

Fernandes (2005) salienta:

> *Seguindo o pensamento de Kaës (1998) e considerando*
> *que nossa Cultura supõe um conjunto de subculturas,*
> *podemos construir a ideia de que há, atualmente, uma*

> *dupla conjuntura no que se refere ao interesse pela di-*
> *ferença cultural: o movimento mundial de migrações e*
> *de intercâmbios econômicos nos quais podemos reco-*
> *nhecer objetivos de conquista e de poder; mas também*
> *daquilo que está em jogo nas transformações de todas*
> *as culturas (intolerâncias raciais, étnicas, religiosas*
> *etc.). (p. 83)*

Baseada nessa dupla ancoragem, a cultura conteria tanto aqui-lo que ela é quanto aquilo que lhe é estranho, desenhando um for-mato que responde à diversidade cultural e no qual se incluem os elementos próprios e os diversos. Por meio das migrações, surge uma passagem intensa entre aquilo que é próprio para os sujeitos e aquilo que lhes é estranho, que vem do outro diferente. Dese-nha-se, assim, um caminho de transformação dentro das culturas pressionadas pelo estranho que o estrangeiro traz, nos diversos pontos da terra.

Os sujeitos que fazem parte dessa determinada cultura se cons-tituem em suas realidades psíquicas, ao mesmo tempo, como um fim para si mesmos e como um fim para os outros, no seio desse conjunto social. Desse modo, essa mobilidade psíquica permitiria um trânsito continuado dentro do conjunto.

Fernandes (2005) conclui:

> *Da capacidade de jogar, isto é, de brincar com sua pró-*
> *pria cultura, talvez derive a qualidade de confronto*
> *com a diferença cultural. A Cultura e a Cidade mante-*
> *riam sempre o estranho, referência fundamental para*
> *sua constituição e para a construção e o funcionamen-*
> *to psíquico das pessoas que nela vivem.*

*Mantêm, ao mesmo tempo, o idêntico e o estranho.*

*Cultura e cidade. Esquecimento e desconhecimento do*
*morador: mal-estar de um mundo moderno? (p. 86)*

Rosa, Carignato e Berta (2006) relatam, no artigo "Metáforas do deslocamento", como os estrangeiros, migrantes e imigrantes apresentam a dificuldade de se localizar no mundo, chegando a poder desenvolver desenraizamento ou desterritorialização. Berta e Rosa (2005) indicam um momento inicial de angústia, a qual não pode ser articulada como significante, provocando um desamparo inicial que causa uma sensação de não localização, referindo-se ao sentimento de estranheza, o *unheimlich* freudiano. As autoras enfatizam:

> *Este tempo no qual o sujeito custa a se localizar tem*
> *efeitos na sua posição subjetiva e política e no laço so-*
> *cial. Entre a angústia e o desejo, é necessária a elabora-*
> *ção do luto face ao perdido pois dessa maneira o sujeito*
> *reconstitui não somente sua imagem, mas sua posição*
> *de ser causado por um desejo que lhe permita localizar-*
> *-se no mundo. Para que tenha lugar discursivo, para*
> *que faça laço social, é preciso re-construir a história*
> *perdida na memória, re-construção que já implica*
> *numa deformação, permitindo passar da re-construção*
> *para a criação. (Rosa, Carignato & Berta, 2006, p. 5)*

Focalizam uma posição de mudança subjetiva, na medida em que possa ser tramitado o luto pela história, a terra e a língua perdida do país de origem. Salientam um movimento que provê a transmissão, realizando uma volta ao passado capaz de favorecer uma base firme que os comporte para se projetar no futuro. Remetem a Hassoum (1996), para quem "[...] uma transmissão lograda oferece a quem a recebe um espaço de liberdade e uma base que lhe permite abandonar (o passado) para (melhor) reencontrá-lo" (apud Rosa, Carignato & Berta, 2006, p. 17). Desse modo, traduzem um movimento de báscula entre o passado e o presente, que permite se projetar no futuro, assinalando que os sujeitos podem percorrer esse processo fixando-se em alguma das etapas, ou conseguir se modificar e mudar. Esse conceito estaria amplamente relacionado ao de interculturalidade, descrito anteriormente, no formato de junção do novo e do velho, na constituição da intersubjetividade.

As autoras abordam o conceito de identidade atrelado à cultura e terra de nascença. Mas, frisam que "[...] a territorialização não garante a identidade – esta se produz pela evocação da palavra, pela escrita e por outros modos de transmissão" (Rosa, Carignato & Berta, 2006, p. 6). Porém, trataremos agora do tema da língua, veículo de transmissão e compartilhamento da cultura e da história.

## Questões sobre a língua

A língua ajuda a visualizar o trânsito intercultural, na medida em que afiança a língua passada para dar espaço à nova língua do país de migração. Perguntamo-nos: quais são os processos internos que se desenvolvem quando o sujeito aprende uma segunda, terceira ou quarta língua? Como poderia se expressar, partindo do mais profundo das emoções, senão por meio da língua materna?

Pensamos que escolher a língua materna como veículo de comunicação vem colaborar para que os sujeitos possam se expressar livremente, sem ter esse empecilho capaz de travá-los. Selvatici (2007) destaca que

> *[...] a análise realizada na língua dos pacientes consti-*
> *tui-se como um dispositivo que oferece uma membrana*
> *imaginária que midiatiza os excessos difíceis de me-*
> *tabolizar. Frente a um verdadeiro desgarramento das*
> *envolturas psíquicas que a migração gera, a criação de*
> *uma membrana constituída pela língua em comum,*
> *diferente daquela do país em que a análise se realiza,*
> *representa a construção de uma espécie de envoltura*
> *narcisista transicional que poderá ser, por sua vez,*
> *objeto de análise. A membrana linguística que rodeia*
> *pacientes e analista remete ao que Anzieu denomina*
> *como o espelho sonoro, prévio ao visual. Se pensarmos*
> *junto com Anzieu que a necessidade de sobreinvestir*
> *a envoltura narcísica parece como a contrapartida de-*
> *fensiva de um fantasma de pele desgarrada, a possibi-*
> *lidade de criar uma nova matriz para esse eu pele, que*
> *apresenta déficits em suas funções de paraexcitação,*
> *constitui-se em uma nova construção psíquica. (p. 6)*

Selvatici (2007) também salienta que "[...] a membrana sonora da língua compartilhada não é um mero depósito de sensações, imagens e afetos, mas se constitui em uma experiência transicional que procura nomear e comunicar as mesmas experiências" (p. 6).

A língua materna é um fator importante que traça uma aproximação entre sujeitos, porque estes sentem que os vínculos parecem já portar um tecido preestabelecido, o qual os ampara, ao compartilhar um idioma comum. Talvez isso encubra certo padecer na hora de se expressar na língua estrangeira, já que pareceria que só a língua materna possibilita exprimir-se de modo mais autêntico e claro.

Para Koltai (2011), "[...] os sujeitos ao falar na língua materna a nomeiam como um território, o que explica por que os migrantes mencionam rupturas e travessias, de passagem do *heimlich*, a língua perdida, para o *unheimlich*, esses outros lugares ainda estrangeiros" (p. 1). Reconhecer essa quebra representaria uma elaboração de um luto pela língua materna abandonada e obrigaria a um trabalho psíquico que significa apropriar-se da migração, junto com a perda da língua referente. Aquele que emigra tem que cuidar dessa passagem de uma terra a outra, de uma língua a outra, de um universo conhecido a um por conhecer e descobrir. Esse processo pressupõe um trabalho psíquico vincular, de elaboração, de aceitação da mudança. Na medida em que a mudança possa ser pensada como ruptura, algo do *heimlich* conhecido se quebra, dando espaço ao descobrimento daquele *unheimlich* que aguarda por ser descoberto. Somente a partir da elaboração da mudança é que aquele universo novo, visto pelo migrante, pode começar a ser tramitado, conhecido e apreendido. Trata-se de um movimento de abandono que habilita à conquista de um novo universo: se o sujeito se apropria do que abandonou ativamente, conseguirá fazer-se dono de sua própria escolha, apropriar-se da terra para a qual emigrou e tornar-se dono, consequentemente, também da nova língua.

Kaës (1998) enfatiza, a respeito do tema da língua:

> Em uma passagem sobre a análise da migração entre os povos, "disse Deus aos povos quando lhes atribuía uma língua: aos egípcios, vocês falarão o egípcio, aos gregos, vocês falarão o grego; aos franceses, vocês falarão o francês; aos alemães, vocês falarão o alemão; mas a um povo que habita o sul do Egito, próximo do Sudão, Deus lhes teria dito: falem o que quiserem". (p. 63)

O autor aponta a situação de perda da língua como unidade cultural de pertencimento a um código comum, como se fosse o abandono de Deus. Salienta como a sustentação dos laços sociais tem que ser feita de forma violenta, em um ato de confirmação, mas, por outro lado, marcaria uma situação de exílio como necessária para pertencer a essa cultura.

A língua ocupa um lugar de privilégio ao se associar à cultura e nos faz pertencentes a um código comum com outros, assim como reforça um nível de pertencimento a uma dada comunidade porque nos faz sentir incluídos, trazendo-nos segurança e continuidade. No outro extremo, frente à perda de língua como referência compartilhada, os sujeitos se encontrariam em uma situação de exílio e expulsão, em sentido metafórico, ou seja, não incluídos em código comum nenhum. A necessidade de pertencimento imprime aos sujeitos, no campo social, uma quota de violência que tem que ser percorrida como preço a pagar.

A língua estrangeira também poderia permitir ao sujeito dizer aquilo que na língua do país natal seria intolerável e difícil de ser escutado por ele mesmo. Como salienta um expatriado: "Só consigo falar mal de meus pais em português; em francês não conseguiria dizer o que estou dizendo para você aqui". Desse modo, diz em uma língua estrangeira o que não pode ser dito na língua materna.

A perda da língua materna como meio de se comunicar corresponde a uma perda do laço com a cultura de origem e à ruptura com o marco conhecido pelo qual as pessoas circulavam e de que se sentiam parte. Esse trânsito acarreta um choque cultural, já que o estrangeiro se vê participando de outra cultura sem conhecer seus códigos implícitos, e, para chegar a compreendê-los, seria necessário um processo intersubjetivo de apropriação. Na hora da comunicação, a possibilidade de se expressar na língua materna oferece uma membrana protetora imaginária como situação de

amparo, ante a perda dos referentes sociais culturais que o identificam e o integram ao contexto social conhecido.

Perguntamo-nos: que traços inconscientes circulam por meio
da língua? Como os sujeitos transmitem os mais profundos sentimentos, desejos e anseios? Quando um estrangeiro percebe que
pode se comunicar com outra pessoa em uma língua conhecida
sente-se menos exposto a diferenças e a situações de estranhamento. Um estrangeiro dizia: "Chega um momento do dia que não
aguento mais tentar entender o que falam em português: é como
se abaixasse a cortina; não escuto mais português e fico em meu
próprio mundo e com minha língua". "Chega uma hora do dia que
começo a falar para meus colegas de trabalho em espanhol, não
aguento mais; creio que nem me dou conta de que fiz o *switch*."
"Sinto-me aliviado ao saber que não tenho que me esforçar mais."

Vemos como ficam lado a lado a língua materna e a língua
estrangeira, que é desconhecida, trazendo um registro do sentimento de *unheimlich* pelo ameaçador da experiência e também
como o "*ajeno*",[2] o qual parece inexorável, opaco, figura que estabelece um nós e os outros, desenhando uma fronteira entre o
conhecido-familiar-cultura de origem, e um desconhecido-alteridade-inquietante.

Como paradoxo, vemos como a pessoa se comunica na língua
materna, porém utiliza um termo em inglês, *switch*, situação que
estaria na contramão do sentimento de que estava tentando dar
conta em sua própria língua.

---

2  Aprofundaremos o conceito de "*ajeno*" no próximo capítulo. Usamos o termo
   "*ajeno*", em espanhol, pois não achamos na língua portuguesa nenhum sinô-
   nimo que o traduza com seu sentido próprio. Se for traduzido como "alheio",
   pode dar possibilidade a uma má interpretação do termo, pelos vários significados que a palavra tem em português. O termo, como usado aqui, inclui os
   conceitos de estranho, estranhamento, alteridade, diferença radical.

Talvez, para esses sujeitos a língua comece a se assemelhar à torre de Babel, constituindo uma língua própria, produto de todas as culturas conhecidas por meio da convivência e compartilhamento de espaços comuns. Estaríamos nos defrontando com uma instância intercultural que surge por meio da língua, quando os sujeitos se veem expostos a diferentes idiomas. No entanto, todas essas hipóteses serão questionadas e confrontadas com os casos clínicos, mais adiante.

## Sigmund Freud frente à perda da língua materna no exílio

Trabalharemos agora sobre o processo vivido por Freud em função da mudança de língua no país de exílio. Esses achados foram feitos pela autora em forma paralela ao percurso da reflexão sobre a interculturalidade, e pensamos que servem para ilustrar, de modo geral, os processos psíquicos em face das mudanças de país, língua e cultura.

Com a inauguração do Museu Freud, em Londres, foram encontrados os manuscritos do diário que Freud escreveu em folhas soltas e que sempre estavam no topo de sua escrivaninha, decidiu-se compilá-lo e publicá-lo. O diário começa nos relatos em Viena e continua em Londres. O curador do museu de Londres, Molnar, decidiu chamar o diário de *Crônicas breves,* título que fazia alusão a um relato periodístico da vida de Freud no qual este cita aleatoriamente os eventos vividos corriqueiramente. Essa faceta do Freud repórter permite que sua escrita não tenha em consideração o leitor, mas que consiga escrever e rabiscar eventos cotidianos para si mesmo. O diário está tingido, nos últimos anos, por dois eventos paralelos, a invasão nazista na Segunda Guerra Mundial, situação a partir da qual a família Freud teve que emigrar para Londres, e seu estado de saúde muito deteriorado, já tendo ultrapassado vários anos além das previsões médicas. A proximidade do fim da vida, a guerra, o exílio e sua doença são o pano de fundo para a escrita do texto *O mal-estar na civilização*.

O exílio foi um ato desesperado da família Freud para evitar o cerco nazista, ao mesmo tempo que cumpre um sonho de infância de Freud que era viver na Inglaterra, e seu desejo mais íntimo de "morrer em liberdade" (Molnar, 2000, p. 19). Seus meio-irmãos tinham se mudado para Manchester, e Freud sempre tivera muitas ligações com a cultura inglesa, além de falar e escrever inglês perfeitamente; mas persistia um obstáculo:

> *Alguns dias depois da emigração, em 11 de junho de 1938, Freud escreveu para o psicanalista suíço Raymond de Saussure: "[...] talvez lhe tenha passado despercebido o único ponto que o emigrante sente de forma tão particularmente dolorosa. É – inevitável dizer – a perda da língua na qual vivíamos e pensávamos, aquela que nunca conseguiremos substituir por outra, apesar de todos os esforços de empatia. É com dolorosa compreensão que observo como formas de expressão, não obstante familiares, me falham em inglês e até com Isso[3] [Es] tenta resistir a abrir mão da escrita gótica familiar". (Molnar, apud Freud, 2000, p. 19)*

Vemos como Freud transmite sua dor pela perda da língua materna, sentindo que isso se constitui em um estorvo na hora de

---

3   "Es" é o pronome pessoal neutro da terceira pessoa do alemão, mas aqui está grafado com letra maiúscula.

se expressar. O diretor de pesquisa do Museu Freud em Londres, Michael Molnar, conta, ao citar a carta, que Freud sabia inglês, italiano, estudou francês em Paris, com Charcot, aprendeu espanhol com o amigo Silberstein e trocavam cartas; tinha aprendido no colégio duas línguas "mortas", grego e latim, mas, ainda assim, a língua continuava a ser um empecilho. Além e aquém da cultura poliglota que tinha, a língua materna parecia ser sua maior referência na hora de se expressar.

Molnar adverte que Freud está nos contando sobre a luta interna que se debatia dentro de seu inconsciente (Isso), entre a escrita gótica e a latina. A escrita gótica persistiu na língua alemã até o século XX, porém, escrever em alemão significava escrever em letra gótica. Por outro lado, escrever em inglês significava escrever em letra latina. Aqui nos defrontamos com o debate interno de Freud, entre o abandono da língua materna para se comunicar na língua anglo-saxônica e a adoção da letra latina como forma de aceitação da migração e da língua do país que o tinha acolhido.

O diário estava escrito em uma mistura de duas línguas e de duas formas de expressar-se. Conforme Molnar (2000), "[...] mesmo no seu limitado registro, há pequenos reflexos do 'exílio da língua' do qual Freud queixava-se para Saussure" (p. 19). No momento da invasão alemã à Áustria, esta é assinalada com um epitáfio em latim – "Finis Austriae" –, que Molnar entende como "[...] frase que está sobrecarregada de implicações: enterra um país e uma cultura por inteiro, como se não houvesse mais nada por dizer, enquanto que, ao mesmo tempo, parece oferecer o triste consolo de se ter uma perspectiva universal dos tempos difíceis" (p. 19). O único momento no diário em que escreve em inglês é para marcar a Noite dos Cristais Quebrados para os judeus, momento em que Freud tenta se distanciar do evento anotado porque este o impacta grandemente. Entretanto, com exceção de algumas datas anotadas em inglês, nunca mais retoma o idioma no diário como língua de expressão. Molnar (p. 20) sublinha que, "[...] mesmo neste nível mínimo de expressão, a inércia da língua materna prevalece. Escritas ou faladas, as palavras ainda eram por demais carregadas de um peso oculto para serem despreocupadamente transpostas".

A maior parte dos atendimentos feitos em seus últimos anos em Viena era a estrangeiros, já que a situação econômica tornava difícil o acesso à análise a pacientes vienenses; Freud vinha se comunicando e trabalhando em várias línguas diferentes do alemão, principalmente o inglês. Molnar (2000) ressalta que, "[...] muito antes da política levar Freud ao exílio, a economia já lhe impusera uma língua estrangeira no seu trabalho" (p. 20).

Mas foi uma paciente, dessa época – H. D. –, por certo muito sensível e que era poeta, quem pôs em palavras o modo de se comunicar freudiano:

> Ele poderia estar falando grego. O belo tom da sua voz tinha um jeito de tirar uma locução ou uma frase em inglês do seu contexto (do seu contexto associado, ou melhor, da língua como um todo) de tal forma que, embora estivesse falando inglês sem qualquer traço perceptível de um sotaque, mesmo assim estava falando em uma língua estrangeira. (Molnar, 2000, p. 20)

A poeta nos descreve um Freud sempre estrangeiro, quando não for em sua língua e terra natal, porém, ficam as marcas nele do que denominava como "[...] a língua na qual se possa viver e pensar".

Conservamos, por conseguinte, esse achado sobre o parecer e as reflexões do criador da psicanálise diante da perda do alemão como língua materna para se expressar.

# 4. Psicanálise das Configurações Vinculares

> *"Can you tell me where my country lies?"*
> *said the unifaun to his true love's eyes.*
> *"It lies with me!" cried the Queen of Maybe*
> *– for her merchandise, he traded in his prize.*
> *Dancing with the moonlight knight.*
>
> Genesis, 1973.

A teoria escolhida para o aprofundamento e a interpretação do material de pesquisa é a psicanálise e, mais especificamente, a leitura vincular e intersubjetiva da teoria da Psicanálise das Configurações Vinculares. Aprofundaremos esses conceitos teóricos que darão suporte a nosso olhar no presente livro.

> *A teoria das configurações vinculares pode ser entendida como um estudo psicanalítico dos vínculos e uma ampliação da psicanálise tradicional freudiana. A psicanálise tradicional coloca o olhar no indivíduo,*

*focalizando-o a partir de seu mundo intrapsíquico. A*
*Psicanálise das Configurações Vinculares parte de uma*
*clínica do conjunto, que desenha um inconsciente vin-*
*cular. Este, à maneira de uma estrutura ou de uma rede,*
*estaria subjacente aos vínculos: no casal, na família, nos*
*grupos e nas instituições. (Weissmann, 2009, p. 60)*

A teoria das configurações vinculares descreve um aparelho psíquico vincular com três espaços psíquicos: o intrassubjetivo, o intersubjetivo e o transubjetivo.

*Na hora de definir o aparato psíquico vincular, defron-*
*tamo-nos com uma conceituação diversa do aparato*
*psíquico descrito por Freud, já que inclui nela os objetos*
*significativos, os relacionamentos e vinculações incons-*
*cientes e o social, que os atravessa. Por isso, esta teoria*
*desenha um aparelho psíquico com três espaços que o*
*configuram, com uma tópica formada pela inscrição re-*
*presentacional e o investimento do intra-subjetivo, do in-*
*tersubjetivo e do transubjetivo. (Weissmann, 2009, p. 91)*

Berenstein e Puget (1997), no livro *O vincular*, definem os três espaços psíquicos como "[...] um modelo de aparato psíquico no qual se organizam zonas diferenciáveis... nomeadas como espaços psíquicos, metaforizando um tipo de representação mental e vincular que o eu estabelece com seu próprio corpo, com cada outro ou outros e com o mundo circundante" (p. 21).

No *Dicionário das configurações vinculares*, os três espaços psíquicos são definidos por Pachuk e Friedler (1998) como "[...] lógicas ou sistemas de inscrições representacionais que implicam dinâmicas diferentes e que têm vigência desde o começo da vida como um registro triplo" (p. 445).

Trabalhei sobre o tema do aparelho psíquico vincular no livro *Famílias monoparentais* (Weissmann, 2009), tentando descrevê-lo e discriminá-lo, ao mesmo tempo, da seguinte maneira:

> *Na hora de pensar sobre a constituição do sujeito, dita conceituação ganha força, porque se define o sujeito como determinado tanto pela relação com seu ego-corpo e o pulsional, como no vínculo com o outro e com os outros com quem habita o espaço público, sendo outro modo de caracterizar esse lugar chamado de social. O sujeito se sustenta na pertença inerente ao vínculo e, na identidade inerente ao ego, ambos contribuem para a construção da subjetividade. O mundo interno, o dos outros e o público funcionam como três mundos distintos e alheios. O sujeito é produzido por eles; às vezes é em quem se produz subjetividade e em quem esses mundos se articulam ou se dissociam.*

> *Esses espaços demarcam bordas, algum tipo de organização e brechas, nas quais os espaços se diferenciam e se interceptam, por sua vez. São originários em sua constituição, fundam-se a partir do interior do psiquismo e do mundo externo. Cada um desses espaços tem vida própria com as suas representações também, e em todos eles se constituem os pilares do sentimento de pertença. Os espaços instituem subjetividade e é o sujeito que os relaciona, os liga ou os associa.*

*Cada espaço tem determinações próprias e específicas, mas podem ser adjudicados a outro espaço por deslocamento... Essa conceituação nasce da necessidade de outorgar um espaço dentro do psiquismo igualmente à realidade externa e aos vínculos. (pp. 92-93)*

O espaço intrassubjetivo, descrito na psicanálise clássica como o espaço intrapsíquico, contém os objetos internos e as fantasias de cada sujeito. Estrutura-se a partir das identificações com aqueles outros significativos externos que deixam suas marcas internas no espaço intrassubjetivo. Desenha-se de modo intraterritorial, descrevendo o mundo interno próprio de cada sujeito, trazendo consigo a história a partir das pegadas infantis até as mais atualizadas. Inclui um mundo interno conformado pelos objetos internos, parciais e totais, que foram se imprimindo em cada sujeito, estruturando as relações de objeto com esses objetos. Esse espaço parte da ausência do objeto, porque se arma a partir daquelas pegadas internas introjetadas intrapsiquicamente e orientadas pelo desejo e pela defesa.

O espaço intersubjetivo, por outro lado, privilegia os vínculos do sujeito com o outro; estamos falando de dois ou mais sujeitos unidos por um conector que chamaremos de "entre". Precisa-se da presença dos sujeitos para criar esse "entre" que só se estruturará na intersubjetividade. Nesse espaço os sujeitos também estão definidos pela extraterritorialidade, ficando um e outro, defrontando-se com as diferenças na alteridade que cada sujeito delineia só com sua presença. Um se comporta como opaco para o outro, já que sua presença faz o sujeito se deparar com esse outro impossível de anular ou apagar. "O vínculo entre dois sujeitos se constrói na presença deles. Essa presença delineia uma diferença fundamental entre um e outro, porque demarca uma alteridade de um em relação ao outro" (Weissmann, 2009, p. 97).

O espaço intersubjetivo caracteriza-se pela dupla direcionalidade dentro do vínculo, porque se arma uma ida e volta entre cada um dos sujeitos que constituem esse vínculo. Esses intercâmbios geram modificações inconscientes nos vínculos, uma vez que não temos como não nos deixar afetar pelo outro. O outro aparece sempre com um perfil de novidade, para surpreender e criar vincularidade. Esse movimento não poderá ser antecipado, já que está sempre em movimento, em constante modificação, e criando subjetividade. O outro gera no sujeito uma situação que não poderia ser nem poupada, nem negada. Berenstein (2004) afirma que, no interior do vínculo, gera-se para o sujeito um "[...] caráter de obrigatoriedade porque deve criar um lugar ao outro onde antes não o tinha; fazer uma marca que traz um novo significado em cada sujeito do vínculo" (p. 39). O encontro com o outro habilita ao sujeito a descobri-lo, e, ao se descobrir, respectivamente, estabelece-se assim um movimento de ida e volta na constituição subjetiva do vínculo e que poderíamos nomear como "um fazer vincular". Visualizamos, assim, um trabalho de vínculo dentre esses dois sujeitos outros, respectivamente, para cada um de si.

Os diferentes espaços trazem lógicas diferentes no espaço intrassubjetivo, de sorte que nos encontramos com a impossibilidade de presença, por estarmos aludindo a representações que aparecem no lugar dos outros significativos, ou seja, na falta deles, no espaço intrapsíquico, referimo-nos às marcas internas. No espaço intersubjetivo, os vínculos veem-se sujeitos à impossibilidade da ausência, pois apenas por meio da presença dos outros é que se estruturam os vínculos, o outro aparecendo como limite à presença do sujeito. Sem o outro, não posso construir um vínculo, nem constituir o espaço intersubjetivo com seu registro inconsciente.

*Na singularidade do vínculo se constituem os sujeitos em um duplo caráter de alheio e de novidade. O alheio do outro é dado por uma presença que sistematicamente não se pode fazer própria, não se pode incorporar, a qual se deverá fazer-lhe um lugar. Na constituição de um lugar novo dentro do vínculo, vemos como o outro suplementa, amplia, adiciona ao outro sujeito do vínculo, criando um lugar novo para outro novo que nunca existiu nesse vínculo, também ele novo. Dentro dos vínculos significativos, os sujeitos terão que admitir que o vínculo os modificou, já que cada sujeito não permanece igual ao que foi anteriormente. (Weissmann, 2009, p. 102)*

As diferentes culturas deixam inscrições pertencentes ao espaço transubjetivo, espaço que alberga as marcas sociais e culturais dentro do psiquismo. Estamos falando de marcas transubjetivas inscritas em um espaço específico, as quais não apagam nem tampam as marcas dos outros espaços psíquicos antes descritos; trata-se de espaços diferentes, com inscrições diversas e com lógicas distintas.

Só por meio do espaço transubjetivo é que a realidade exterior entra para fazer parte da situação psíquica. Essas marcas psíquicas, impressas a partir do contexto exterior, raramente foram tidas em conta pela psicanálise clássica, mas os autores contemporâneos começam a pensar que tanto pacientes quanto analistas estamos inseridos em um contorno cultural comum a todos, que também nos delineia e nos faz diferentes dos sujeitos que pertencem a outros ambientes culturais. Puget usa o termo "mundos superpostos" para pensar como analistas e pacientes, ou, em outras palavras, todos os sujeitos que compartilham um específico contexto cultural, nos constituímos com marcas subjetivas culturais específicas. A cultura estrutura igualmente o psiquismo, o mundo exterior molda nossos relacionamentos, nossa forma de pensar, de resolver problemas, de sentir-se frente aos costumes de nossos antepassados etc. Também somos moldados e marcados pela época na qual nos toca viver e pelos momentos históricos e sociais que vivemos. Esse conceito amplia nosso olhar sobre o sujeito que a Psicanálise das Configurações Vinculares agora nos apresenta, porque não nos referimos a um psiquismo intrapsíquico, mas a um aparelho psíquico vincular e social, inserido na sua cultura, em seu tempo e em sua sociedade. Concluímos assim que o social, o histórico e o cultural estruturam o psiquismo inconsciente em um olhar vincular que inclui e abrange outros cenários, os quais, assim, imprimem subjetividade.

Puget foi a psicanalista que aprofundou discussões sobre os registros do social a partir das imigrações forçadas que as ditaduras militares instituíram sobre os sujeitos e, com essas experiências, começa a se perguntar sobre as marcas que o social arma no psiquismo, baseando-se no trabalho desenvolvido em análise com grupos terapêuticos. A autora descreve o espaço transubjetivo desta forma:

> *A representação originária desse espaço é de uma continuidade oceânica entre o ego e o outro, ambos incluídos em uma dimensão do infinito. O vínculo entre o mundo externo e o ego se estabelece sobre a base de um acordo inconsciente vivido como as raízes que o inserem em uma zona geográfica e social determinada. (Puget, 1989, p. 32)*

Por sua vez, Puget também o define, no *Dicionário de configurações vinculares,* como "[...] uma inscrição em um espaço da mente, com representações sociais que estão relacionadas com ideologia, religião, poder e pertences" (Puget, 1998, p. 447).

Por outro lado, o espaço transubjetivo é descrito por Ventrici e Zadunaisky (1998) como

> [...] o conjunto de representações do mundo real (social e físico) em que o ego as adquire diretamente, desde o momento originário, assim como pela mediação do superego dos pais. O sujeito é tanto sujeito do mundo quanto da estrutura familiar. (p. 433)

O espaço transubjetivo é igualmente salientado como aquele que se vincula ao contexto em que vivemos e que construímos, à linguagem compartilhada com outros, à comunidade na qual nascemos, com suas ideias e crenças, aos fatos históricos que a armaram, às tradições e mitos como explicações para o cotidiano de cada povo etc. Geralmente aparece como um espaço mudo e inconsciente e só surge na superfície quando se perde o entorno habitual, nas mudanças ou migrações, ou quando este é modificado. Porém, sentir-se estrangeiro ou à margem do social faz aparecer o espaço transubjetivo que anteriormente permanecia oculto. As migrações trazem luz sobre novas pertenças e novas inserções sociais, no mesmo instante em que definem falhas ou perdas da continuidade do convívio social e transubjetivo, anteriormente inconsciente. O sentimento de pertença inclui os sujeitos em um "nós" compartilhado, o qual aparece como sustento narcísico e apoio, dentre uma comunidade de outros. Apoia-se na necessidade de se sentir participando de um pertencimento comum a outros mancomunados em um elo conjunto que permite sentir-se sustentado por e com outros, ao mesmo tempo que forma parte de um conjunto comum e estável.

Partimos de Freud, que, na psicanálise clássica, nomeia o tabu do incesto como aquele organizador social que estrutura e ordena a cultura. Dito tabu organiza os seres humanos dentro do social, transmitindo-se de família a família, de pais a filhos, de uma geração a outra, estruturando o convívio social e os relacionamentos. No entanto, faz parte do espaço transubjetivo. Os autores da teoria das configurações vinculares tomam emprestado o conceito do social, utilizado na antropologia, para relacionar o tabu do incesto com a diferenciação social da exogamia e endogamia, pela qual se ordenam aqueles seres humanos passíveis de serem escolhidos para constituir uma nova família e aqueles proibidos. Vemos delineado, desse modo, um caminho a percorrer que habilite em cada um de nós um modelo de procura para conseguir estabelecer a inserção na cultura e no social de cada sujeito que a conforma. Esse percurso demarca uma direcionalidade definida, parte da natureza em direção à cultura, do momento de nascimento, mais atrelado à biologia, em direção à obtenção, para o sujeito, de um lugar dentro da sociedade.

Esta pesquisa tentará compreender principalmente como o espaço transubjetivo e o intersubjetivo deixam marcas que estruturam o sujeito desde o nascimento, em relação à cultura e aos vínculos, e como o sujeito se constitui no trânsito veloz por diversos países e culturas em que fixa temporariamente sua moradia.

Cada subjetividade se instaura a partir de outro, e também por meio "dos outros", que, em sua pluralidade, participam do espaço macro, de um cosmos determinado, de uma dada cultura e de um espaço transubjetivo comum a outros iguais.

Essas experiências de "estrangeiridade", de se sentir estranho ao contexto, sentindo-se diferente entre iguais, são as que serão levantadas na clínica psicanalítica com estrangeiros, e essa tarefa produz um trabalho de questionamento que pulsa e lança um pensar baseado na escuta da vivência que os atinge. Viñar (2009) enfatiza que

> [...] a condição humana não se desenvolve somente nos processos endopsíquicos identificatórios, no espaço intimista da peripécia edípica. Requer-se que o que precede se sustente em um laço social que providencie uma trama para uma filiação, uma pertença e um reconhecimento do grupo. (p. 126)

Será isso o que se quebra em uma experiência migratória? Continuamos nossa procura na psicanálise.

## Sujeito inscrito no social

Perguntamo-nos como pode um sujeito se estruturar sem um contexto transubjetivo estável que o sustente e lhe permita se definir, a partir de sua nacionalidade. Esses traços culturais caracterizam e outorgam identidade, atribuem um lugar no mundo a partir do qual surge um ser nacional, um ser com uma língua, com um pertencimento que nos dá origem como sujeitos do mundo, como sujeitos sujeitados a um contexto, a uma terra, a um universo de iguais, a uma cultura com sua especificidade. Sujeito amarrado a outros por um laço social que o define e o inclui em um conjunto de semelhantes os quais estruturam esse "nós" comum e único.

Para nos aproximarmos do tema, citamos as psicanalistas Rosa, Carignato e Berta (2006), que descrevem esse transcorrer pela cultura como um modo de sair de si mesmo, em uma constante redescoberta, a qual habilita a se fazer dono de seu próprio desejo com base em uma contínua redefinição de si. Assim explicitam:

*A entrada do homem na ordem da cultura dá-se através da perda do mito de pertencer a um conjunto que lhe proporciona uma identidade e lhe deve o reconhecimento e a realização. Entrar na cultura supõe acatar, fazer suas as regras de funcionamento da conjuntura. Mas não só. A sua condição de sujeito dividido supõe que carregue a exclusão, a insatisfação, e dá-lhe o direito de transcender ao lugar em que é colocado e apontar na direção de seu desejo. Migrar, emigrar, de novo. (p. 8)*

Nesse sentido, aludem a um emaranhado no qual o sujeito, além de ser para a cultura e para os outros, nos vínculos, também é para si mesmo, na busca de seu desejo.

Fernandes (2005) desenvolve um estudo sobre morar na cidade com um olhar intersubjetivo psicanalítico. Ressalta que as cidades se encontram divididas e diferenciadas entre espaços públicos e privados, mas geram uma geografia de exclusão, dividindo espaços de acordo com os diversos segmentos sociais dos sujeitos que neles moram. Porém, a cidade contém, ao mesmo tempo, a classificação junto com a eliminação, diferenciando-se os espaços no mesmo momento em que se excluem como dejeto junto a seus moradores. A concepção do espaço tem se transformado conforme as épocas e as culturas das quais ele faz parte. No entanto, cada cidade porta uma determinada lógica que a organiza e a vincula com sua própria história. Os espaços habitados carregam o aconchego, com o sonho e o devaneio, ligando assim os homens às suas moradas atuais e antigas.

*Paradoxalmente, atualmente, o mundo de hoje globaliza os lugares e obriga a um rearranjo de fronteiras. Com a reestruturação do espaço cria-se uma nova geo-*

*grafia (econômica, política, etc.) da globalização e há a emergência de uma nova "família de lugares" (Santos, 1994, p. 121) [...] procurar compreender o movimento contínuo da vida e a construção permanente de modos de viver, de práticas do viver, que têm uma velocidade e um tempo impossíveis de se aprender. (Fernandes, 2005, pp. 79-80)*

A autora se pergunta como os sujeitos constroem uma delimitação espacial interna e chamam a um determinado lugar de "casa". Segue as ideias de Kaës (1998), que sublinha, do ponto de vista psíquico, uma construção a partir de dentro e fora do sujeito, ao modo de uma forma de ordenamento espacial, sociocultural e temporal, construindo, dessa maneira, a subjetividade.

*Para alguns, o tempo seria responsável pelo sentido de familiaridade enraizado nas rotinas, nas coisas e na experiência de interioridade. O ambiente físico e o espaço construído e habitado seriam uma espécie de sustentação da memória que, em parte, estabelece quem somos, e de onde viemos. Uma identidade ligada ao passado e ao futuro... Compreender o que seja morar nos diversos lugares de uma Cultura e nas diversas culturas exige a busca por identificar nas construções, nos objetos da moradia e na sua disposição, criando os ambientes, uma inscrição ornamental. Tudo comporia e mobilizaria representações, valores, sistemas de significação que estão na base da constituição da identidade, seja de um sujeito seja de um povo, de uma cultura, numa cidade. (Fernandes, 2005, p. 81)*

Fernandes (2005) discute a ideia de mestiçagem como ferramenta para pensar a mistura dentro da herança cultural transmitida ao longo das gerações, e que se manifesta nos modos de ser dos cidadãos de diversos lugares e nas formas de morar e viver, habitando os espaços e territórios, pensando ainda se essa forma de guardar diversos traços seria uma maneira de preservar as diferenças, apesar das misturas e intercâmbios étnicos e culturais.

A cultura, o contexto geográfico, a terra de nascença, junto com os sujeitos que moram nela, nos conferem uma marca de identidade, inscrição transubjetiva, marca cultural que nos inscreve, terra que nos outorga suas raízes e sua língua, inserindo-nos em um código humano que nos possibilita "sermos sujeitos de" tal lugar. Essas são marcas de origem primária: a língua na qual fomos aninhados, o tom das canções com que fomos acalmados, os gostos que nos satisfizeram – essas experiências primeiras que deixam marcas pictográficas no psiquismo individual, conforme descritas por Piera Aulagnier (1979) no texto *A violência da interpretação*. Os cheiros, as marcas perceptivas, as representações proprioceptivas, um traço anterior à palavra que se inscreve como um sussurro, um tom de voz, um aroma, firmando inscrições às quais voltamos para nos serenar, mas que, por outro lado, também aparecem sempre latejando, inquietas.

O espaço transubjetivo estabelece um contorno social conjunto, de contenção e de normas e valores, dentro do qual os sujeitos se inserem para formar parte dessa determinada cultura. Surge a pergunta: como se inscrevem os contextos sociais nos seres humanos? Pela ideia de aparelho psíquico com três espaços diferentes, espaços que têm lógicas diversas e específicas, visualizamos como cada registro se grava no espaço psíquico ao qual pertence; as representações intrapsíquicas no espaço intrassubjetivo, as representações vinculares no espaço intersubjetivo e as representações do sociocultural no espaço transubjetivo. As marcas não se inscrevem umas sobre as outras, mas se complementam, se superpõem ou se dissociam; cada sujeito, na sua singularidade, estrutura essa trama.

A cultura e o social deixam suas marcas no psiquismo por meio da transmissão transgeracional. Uma geração transmite a outra a lei que organiza a cultura e as marcas necessárias para a pertença social e cultural, assim como o que não é representado. De acordo com Gomel e Matus (2011),

> [...] a intersubjetividade em relação com o transgeracional [se define] como aquilo que surge pela coprodução vincular de dois ou mais sujeitos localizados em diferentes gerações [...] a continuidade psíquica das sucessivas gerações, a partir da pertença a uma cadeia genealógica, impõe uma exigência de trabalho aos sujeitos ligados em cadeia nela. (p. 28)

A transmissão é uma forma de perpetrar a cultura e habilitar a sua continuidade: transmite-se a lei, o proibido e o permitido, a ideologia, os valores, a língua, a história e o sistema de parentesco. Cada família estrutura um modo peculiar de transmissão, desenhando sua própria leitura, com base nas convenções culturais. Esse trânsito parte de um transmissor que comunica ditos valores culturais a um receptor, que recebe e reproduz o transmitido. Gomel e Matus (2011) afirmam que "[...] a transmissão resulta de um processo construído entre as gerações, fazendo limite em cada uma delas" (p. 28). Mencionam dois tipos de transmissão: uma consciente-pré-consciente, que se transmite por meio da história familiar contada de pais para filhos, e outra que é inconsciente e traz consigo pedaços da vida psíquica das gerações anteriores como bagagem para as gerações posteriores. Todavia, existe outra transmissão, a de conteúdos não processados, inscritos como um buraco e que se transmitem como um vazio, como um espaço em branco, como aquilo não representado, que beira o traumático não semantizado, cuja descarga se dá somente por meio da ação, via compulsão à repetição.

Aulagnier (1979), para pensar a inscrição da cultura nos sujeitos, cria o conceito de contrato narcísico, identificado como uma dimensão narcisizante da cultura para com o sujeito. Concebe, assim, um modo no qual se pode assegurar a continuidade das gerações dentro da sociedade.

Depois de aprofundar como a psicanálise pensa a inscrição do sujeito na cultura e que representações psíquicas deixa, vejamos, na sequência, como a Psicanálise das Configurações Vinculares pensa o estatuto do outro, termo fundamental no conceito de vínculo.

## Quem é o outro?

O sujeito advém ao mundo no vínculo, visto que, antes mesmo do nascimento, está se estruturando um vínculo entre o *infans* e seus pais. Poderíamos asseverar que nascemos em vínculo e na intersubjetividade. Berenstein (2004) define *vínculo* como "[...] uma situação inconsciente que, ligando dois ou mais sujeitos, os determina em base a uma relação de presença" (p. 29). Estamos falando de uma relação entre dois sujeitos e um laço que os une, que podemos definir como o "entre". Os elementos conscientes e inconscientes estão entrelaçados no presente, constituindo as representações vinculares propriamente ditas. O vínculo está permeado pelo conceito de presença, já que, dentro do vínculo, cada sujeito faz confronto no outro, somente com a sua própria presença. Um sujeito sempre se apresenta para o outro como um espaço de incógnita, como um sinal de interrogação que o outro desperta ao trazer sua presença, que o faz aparecer como outro mesmo, diferente, alheio, "*ajeno*".[1]

> *Os vínculos se apresentam como grandes produtores de subjetividade, pois é com o outro que o sujeito dá espaço ao novo, no relacionamento. A tarefa vincular poderia ser descrita como um trabalho de construção a partir do outro, pois só na aceitação da alteridade do outro é que cada sujeito consegue se vincular realmente. Estar vinculados significa aceitar que esses dois sujeitos são dois outros respectivamente. Assim nos aproximamos da difícil e trabalhosa tarefa que propõe o outro como "ajeno", diferente radical, alteridade, outro em sua mais abrangente definição. (Weissmann, 2009, pp. 68-69)*

Defrontamo-nos aqui com o "trabalho do vínculo", trabalho imposto pela "outredade" que cada um impõe ao outro, dentro do vínculo. O outro aparece como diferente, alteridade radical, cristal opaco que não permite ao sujeito ter a fantasia de vivê-lo como transparente e passível de conhecer na íntegra. Esse outro não totalmente compartilhável é aquele que porta o desafio de crescimento, dentro do vínculo, na possibilidade de fazer um espaço para a novidade que o outro traz. Os vínculos podem, assim, se enriquecer e gerar uma trama de relacionamento mais complexa, na medida em que conseguem reconhecer a diferença que o outro traz consigo.

---

1  Conceito em espanhol explicado em nota de rodapé no capítulo anterior.

O outro, no vínculo, acorda um movimento constante de ir e vir, a partir do qual o eu e o outro se instituem mutuamente, destituindo lugares anteriormente determinados, no vínculo, e ensejando a emergência da novidade. Vemos como o sujeito institui o conjunto, no mesmo instante em que é instituído por ele, de sorte que mutuamente se constituem, um ao outro. Esse trabalho de vínculo descreve um fazer junto com o outro, dentro da diferença e da novidade, construindo sempre em vínculo. Os vínculos podem ser produtores de subjetividade e de criação de situações de novidade, ou podem ir se esvaziando de sentido e se empobrecendo, e também gerando situações de dor vincular frente à incapacidade de encontro subjetivo dos sujeitos ou da detenção vincular e falta de crescimento vincular.

Cada sujeito movimenta-se em função de seu desejo inconsciente em direção ao outro, na necessidade de vinculação. Partindo do desamparo inicial no qual o sujeito nasce, já se dirige na busca do outro para fazer vínculo; mas isso vai além do desejo em si, porque o outro se apresenta com sua presença, como alguém diferente, e excede o desejo inconsciente do sujeito. Aqui nos defrontamos com o *"ajeno"* do outro propriamente dito, ou seja, aquele limite que o outro impõe ao sujeito, só por ser outro, com sua "outredade" dentro do vínculo. Porém, o *"ajeno"* do outro é aquilo que excede o desejo do sujeito e abre caminho para o aprimoramento do vínculo com o outro; só os sujeitos em presença gerarão um vínculo único entre eles. Esse vínculo com o outro abre um espaço para pensar e para gerar; por um lado, traz implícito o limite que o outro impõe e, por outro, produz possibilidades conjuntamente.

O outro aparece como representante do mundo externo, ao exceder o desejo do sujeito e ir além das projeções do outro, apresentando essa característica de diferença que tem que ser inclusa no vínculo. Na medida em que o outro é habilitado em sua diferença e novidade, isso também habilita ao eu modificar-se e reconhecer-se como diferente. Vemos como vai se armando um movimento que gera subjetividade, se a alteridade do outro e a diferença são aceitas no formato de "*ajeno*", sendo o limite último que o outro impõe no vínculo. Reconhecer o outro como "*ajeno*", negatividade radical máxima, diferente e alheio, implica uma certa dor pela aceitação da diferença no mesmo ato em que isso gera subjetividade e reconhecimento, dentro do vínculo.

Berenstein (2001) salienta que "[...] todas as experiências possuem um momento inaugural ou ponto de partida desde o qual o ego, nesse vínculo, adquire como sujeito uma qualidade que antes não tinha" (p. 69). E prossegue: "Esta ideia de produção de subjetividade restringe conceitualmente o campo da repetição" (p. 69). O autor demarca como os vínculos habilitam em sua construção a ir além da mera repetição, já que geram diferença e novidade, na aceitação do outro como "*ajeno*". Os vínculos instituem os sujeitos que fazem parte deles, no mesmo ato em que se constituem em vínculos significativos para os sujeitos que os conformam.

O conceito de "*ajeno*" é um eixo fundamental na Psicanálise das Configurações Vinculares, visto que descreve a descoberta do outro no sujeito, como ideia de alteridade máxima e de habilitação para mudanças e abertura para o novo que os vínculos permitem, dentro deles. Segundo Berenstein (2004), "[...] a *ajenidad* propõe uma bidirecionalidade radical, a qual chamaremos de vincular. Na diferença, cada um propõe ao outro uma *ajenidad* heterogênea e, a partir disso, haverá uma assimetria irredutível" (p. 64). Salienta, nesse trecho, aquela diferença, impossível de ser transposta que o outro carrega com sua mera presença. Frente às novas situações vinculares a que somos expostos, a "[...] presença é novidade onde não a havia, não desestruturando o existente, mas suplementando o conjunto representacional com uma apresentação que depois instituirá outra representação, adicionando-lhe complexidade" (p. 65). Abre-se aqui o leque para a aparição de novas ideias no convívio com as anteriores, como forma de abrir a possibilidade de ampliação de sentidos e modos de interpretar a realidade, a partir dos vínculos que trazem diferença e "*ajenidad*".

A clínica vincular psicanalítica se mostra como um espaço privilegiado para a circulação de sentidos de "*ajenidad*", dentro da transferência, pois o analista procurará abrir espaços para a aparição do "*ajeno*" nos vínculos. A análise vincular aparecerá assim como um lugar do reestabelecimento do "dois", da diferença, do novo, ali onde anteriormente só havia o "um" como significado único para ler a realidade e agir conforme. Estamos aqui nos defrontando com a passagem do "um" para o "dois", como forma de enxergar a realidade, semelhante a um caleidoscópio que apresenta várias nuances e tonalidades, as quais vão sendo descobertas ao longo da vida se os sujeitos conseguem se abrir ao diferente e ao novo.

## Do "ajeno" ao outro estrangeiro

Recorremos aos fundamentos da teoria das configurações vinculares para pensar o estatuto que o sujeito outorga ao outro e os impactos que este gera, tanto no vínculo como nos sujeitos que o conformam.

Berenstein (2001) ressalta que o outro nos faz reformular o princípio de realidade e afirma que "[...] achar o outro 'ajeno' é aceitá-lo como tal, já que dele se obtém uma nova significação, não tida previamente" (p. 91). Porém, consideramos que sempre saímos modificados dos vínculos com os outros, porque se defrontar com a parte alheia e outra, do outro sujeito, significa sair da mesmice de quem antes nós éramos. "*Outro* é uma boa denominação para esse sujeito que, vivido como radicalmente 'ajeno' e exterior, modifica-me fortemente com sua presença, ali onde não consigo continuar sendo eu mesmo nesse vínculo com esse outro" (p. 93).

Esse outro sujeito "ajeno" impõe-se e não permite que o eu o anule, uma vez que surge com sua presença como uma figura opaca que não consegue se fazer conhecer por inteiro. Esse conceito de outro "ajeno" é fundamental na teoria das configurações vinculares, já que colabora na definição do sujeito vincular com um psiquismo de três espaços diferentes com marcas peculiares cada um. Esses espaços complementares não se superpõem nem se anulam, só são diversos entre si.

De acordo com Berenstein (2001), "[...] o 'ajeno' é essa qualidade dada pela presença que sistematicamente não se pode fazer própria, não se pode incorporar e a qual não obstante deverá fazer--se-lhe um lugar, já que está ligada a um vínculo significativo para os dois" (p. 102).

O outro apresenta-se ao sujeito com uma condição de "outredade", e a presença dele implica uma falta de representação interna; todavia, esse outro é totalmente novo e diferente. Berenstein (2004) enfatiza que

> [...] o "ajeno" é qualidade de outredade do outro e não poderá ser apreendida pela representação, porém o "ajeno" é impossível de se conhecer [...] Dado que o conhecível do outro está dado pela trama representacional, e esta mesma mostra seu limite já que não poderá incluir o que não se representa. (p. 47)

O vínculo com o outro se estrutura somente a partir de dois outros em presença, que, ao portar a "ajenidad", favorecem a produção de algo novo entre eles. Comunicar-se com outro corresponde a um processo complexo, em que cada um tem que se fazer um lugar frente ao outro, armando um ajuste entre a representação do outro e aquilo que este é em sua *"ajenidad"*. Esse movimento de vaivém instaura um vínculo mais complexo que permite que seja sempre reescrito.

O *"ajeno"* do outro é impossível de ser representado, já que, dentro do vínculo, a presença dos que o compõem impõe um excedente que tem a ver com a novidade, que se estrutura quando o outro vai além do representado e conhecido. O *"ajeno"* não está inscrito e é irrepresentável *a priori*, só se conhecendo *a posteriori*.

Para Berenstein (2004),

> *[...] o contato com o "ajeno" em um vínculo é da ordem do choque, não totaliza; pelo contrário, a relação com outro des-totaliza uma subjetividade e a outra, declara um vazio, algo incerto porque desde ali não poderá se predizer a direção futura do vínculo. Nessa outra dimensão adquire lugar o movimento imprevisível da fluidez. Toda ação propriamente humana baseia-se na singularidade e na modificação da subjetividade dos habitantes do conjunto. (p. 216)*

Esse outro *"ajeno"* é estrangeiro de si mesmo, se impõe, e, a partir dessa imposição do outro, vai-se criar um encontro novo entre dois que vão se conhecer como diferentes.

Puget (2013) relaciona o conceito de diferença ao de interculturalidade e situa ambos os termos em um lugar a partir do qual o sujeito fica desarticulado, porque a mudança cria um incômodo que desloca. Descreve os sujeitos contemporâneos como migrantes em movimento, com um desejo de serem donos dos diferentes espaços, que não possibilitam isso, visto que vão se modificando. "O migrante enriquece-se fundamentalmente por pertencer a diferentes culturas sem dar a essa pertença uma qualidade de permanência definitiva" (Puget, 2013, p. 8). Apresenta-nos um contexto de constante trânsito e movimento, dentro do qual, por momentos, as situações se organizam de uma determinada forma e rapidamente se perdem para se modificar, não ficando fixas em um determinado lugar. Menciona, assim, um migrante que sempre ocupa uma posição marginal, situando-se à margem da cultura dominante, pois esta não lhe pertence de fato e de direito. Diante da interculturalidade, a autora pergunta-se sobre a possibilidade de estabelecer pontes, construir o "entre" que permita o trânsito de uma cultura a outra, situação que a define. Uma constante desse processo é a insegurança, que tem que ser tolerada para dar espaço à criação de algo novo e habilitar, assim, um espaço para as diferenças.

Deste ponto em diante, faremos a Psicanálise das Configurações Vinculares intercambiar com outros autores, psicanalistas e não psicanalistas, que também refletiram sobre o conceito de outro, estrangeiro, estranho, sinistro, diferente.

Fernandes (2005) afirma que "[...] a diferença está no coração da formação da cultura, como elemento essencial" (p. 83). Uma leitura psicanalítica dos constructos culturais poderia nos auxiliar a pensar sobre as invariantes inconscientes, que denotam diferenças culturais e surgem na arte, na língua, na religião. Para ela, a diversidade cultural supõe modelos de conhecimento e, nos casos de emigração e imigração, um modo de passagem na direção do outro e do estrangeiro.

> *Pôr em questão o saber sobre o outro e sobre si mesmo*
> *conduziria, talvez, a uma crítica das categorias através*

*das quais o outro é pensado. A condição para se pensar*
*e para colocar em questão o próprio modelo de pensa-*
*mento é o outro; uma cultura da alteridade. (Fernan-*
*des, 2005, p. 84)*

A autora aprofunda o conceito de diferença na obra de Sigmund Freud, ressaltando que geralmente está relacionado ao conceito de estrangeiro. No início da vida, associa-se ao desprazer e ao
não-eu, mais tarde vem associado à experiência de perda da mãe, o
que desperta ansiedades persecutórias e depressivas, estruturando
um dentro e um fora. Mais adiante, atrela-se à alteridade, na diferença dos sexos e das gerações, constituindo o não-o-mesmo. Na
última instância aparece junto à saída do grupo familiar, no acesso à escola, quando o sujeito se experimenta em relação à lei e às
normas fora da família, constituindo a categoria do não-nós. Essas
categorias de diferença estão marcadas pelo signo do negativo, o
qual Kaës (1998) enuncia. Neste ponto, a diferença cultural merece
ser definida:

> *A afirmação cultural é a consequência do reconheci-*
> *mento simultâneo do "nós" (os mitos, ritos, usos e cos-*
> *tumes constituem um conjunto de marcas identifica-*
> *tórias, introjetado como "nós") e da diferença cultural.*
> *Poderia ter como efeito a abolição, dentro do "nós", de*
> *todo afastamento/diferença que poderia colocar em pe-*
> *rigo o valor da integração e da unidade desejada, nos*
> *espaços e nas formações comuns e partilhadas. (Kaës,*
> *apud Fernandes, 2005, p. 85)*

A experiência cultural pode ser pensada, tomando emprestado
o termo winnicotiano de espaço transicional, assim como também

o conceito de Kaës de formação intermediária. Nessas conceituações, os objetos não são nem iguais nem estranhos ao ego, nem dependentes dele nem perdidos por ele, entretanto, partem de uma realidade psíquica plural na qual os objetos culturais têm duas "caras", uma objetal e outra narcísica. Assim, seriam pensados esses objetos culturais como um espaço de trânsito, dentro de um todo.

> *A hipótese de formações psíquicas que permitam estabelecer as ligações, os elos, estaria na base da trama psíquica da experiência cultural. Elas se formam, se testam e se validam nas diversas formas de ligação e de agrupamento que formam a cultura e a cidade. Mas não são conhecidas a não ser pela prova de "referência ao fora", na fronteira que constitui correlativamente o nós e o estranho e nos valores negativos, perigosos, hostis, do caráter estrangeiro. (Fernandes, 2005, p. 85)*

A experiência cultural outorga a possibilidade de estabelecer um contorno comum, que ajude, por meio da solidariedade, a fazer as redes que permitam aos sujeitos migrantes se adaptar e gerar os ajustes necessários para garantir a sua própria vida, material, cultural e afetivamente. A cidade aparece aqui como um espaço dentro do qual se constroem alianças e traços comuns a todos os que a habitam e que dela se sentem parte; além de assegurar, também, a construção das identidades pessoais, nascidas a partir dos relatos que armam a história de um determinado lugar, construindo-se desde dentro e também desde fora.

Aparece, desse modo, um processo de construção da experiência cultural a partir dos sujeitos que a compõem, assim como na formação de um conjunto que se alinhe aos sujeitos que compartem esses traços, essa língua, essa história.

# Do Unheimlich *ao estranho*

Freud (1919) faz um trabalho que intitula *O sinistro*. Nele, lança-se à procura daquilo que, em alemão, é *Unheimlich*, ou sinistro. Aparece assim um afeto que beira o espanto, que resulta angústia e consegue arrepiar. Trata-se do desconhecido, que vem como estranho e traz consigo não só angústia, mas também o sentimento de sinistro. Isso pode se remeter àquilo familiar e conhecido que fica longe da consciência ou àquilo não conhecido e não familiar, que causa espanto. Todavia, nem todas as novidades se mostram sinistras, só algumas. Porém, o autor sublinha que "[...] é necessário que ao novo e desacostumado se adicione algo para torná-lo sinistro" (p. 2484). O sinistro acaba se transformando em estranheza, na qual o sujeito não se reconhece, não se acha e que o desconcerta, deixando-o perdido.

Buscando a tradução do termo *Unheimlich* e suas possíveis acepções, conclui-se que, no *Heimlich*, acha-se igualmente o seu antônimo *Unheimlich*. Remete àquilo "[...] que é familiar, confortável, por um lado; e àquilo oculto, dissimulado, por outro" (p. 2487). *Heimlich* é uma voz cujo significado evolui em direção à ambivalência, até que, no fim, acaba por coincidir com a de sua antítese, *Unheimlich*. "*Unheimlich* é, dessa maneira, uma espécie de *Heimlich*" (p. 2488). Freud continua procurando indícios do sentimento do sinistro na literatura e relaciona essa vivência a angústias e desejos infantis, ao duplo, à onipotência do pensamento, à atividade animista, a atitudes frente à morte, e à repetição involuntária vinculada ao impulso de repetição. Conclui que só "[...] se sentirá como sinistro quanto seja suscetível de evocar esse impulso de repetição interior" (p. 2496).

> *A teoria psicanalítica tem razão ao afirmar que todo afeto de um impulso emocional, qualquer que seja sua natureza, é convertido pela repressão em angústia, de modo que é preciso que dentre as formas do angustioso exista um grupo no qual possa se reconhecer que isto, o angustioso, é algo reprimido que retorna. Essa forma de angústia seria precisamente o sinistro, sendo então indiferente se já tinha em sua origem um caráter angustioso ou se foi trazido por outro tom afetivo. (Freud, 1973b, p. 2498)*

Vemos a fundamentação de como o *Unheimlich* pode ser confundido com o *Heimlich*, já que o sinistro não é algo novo, mas sim algo familiar, já conhecido, que foi reprimido como forma de se transformar em estranho. "O sinistro seria algo que deveria ficar oculto, mas se manifestou" (Freud, 1919, p. 2498). No termo *Unheimlich*, o prefixo *Un* denuncia o recalque que está por trás daquilo antigamente familiar e conhecido. Estamos diante do retorno, então, do recalcado, que, na sua volta, suscita, no desvanecimento do limite entre realidade e fantasia, o estranhamento e o impacto do sentimento de sinistro.

Freud (1919) assevera, na sua formulação final, que "[...] o sinistro, nas vivências, se dá quando complexos infantis recalcados são reanimados por uma impressão exterior, ou quando convicções primitivas superadas parecem achar uma nova confirmação" (p. 2503).

Com efeito, Freud está se referindo ao *id*, ao inconsciente como o *Unheimlich*/sinistro que se apresenta ao sujeito.

Para continuar na procura para tentar ligar o conceito de *Unheimlich* com o de estranho, buscamos subsídios em outros autores não psicanalíticos.

O sociólogo Zygmund Bauman parte dos textos freudianos para depois se questionar sobre o tema do estrangeiro. Para ele, Freud, em 1930, quando escreve *Das Unglück in der Kultur* (A infelicidade na cultura), depois rebatizado como *Das Unbehagen in der Kultur* (O mal-estar na cultura) e, na versão inglesa, como *Man's discomfort in Civilization* (O mal-estar do homem na civilização), e, em português, *O mal-estar na civilização*, retrata o conceito histórico de modernidade. Ainda que Freud estivesse falando de cultura ou civilização, na realidade, estava traçando um desenho de sua época e de seu tempo. Os valores de beleza, limpeza e ordem, tão caros à modernidade, precisam que os sujeitos entreguem, em troca da renúncia a seus desejos provenientes da pulsão, sexualidade e agressividade. Essa visão da modernidade de ordem, limpeza e certezas irá ver-se impactada pela aparição do estrangeiro.

Bauman (1997) assinala que "[...] a chegada de um estranho tem o impacto de um terremoto... O estranho despedaça a rocha sobre a qual repousa a segurança da vida diária. Ele vem de longe; não partilha as suposições locais" (p. 19), e, por essa situação, é aquele que questiona aquilo que parecia inquestionável para os membros da sociedade. O estranho não tem *status* nem espaço dentro do grupo; porém, tem que cometer um ato que quebre o *status quo*. O estranho rompe o estabelecido a partir de seu lugar de excluído. Por último, Bauman nomeia o estranho como a "sujeira" que desafia a organização de uma ordem. Mas, em todos os tempos, os estranhos foram combatidos como portadores de doença frente aos quais as sociedades precisavam desenvolver cuidados higiênicos.

Menciona a modernidade como um momento no qual a ordem provém da mudança da ordem tradicional, buscando sempre novas formas de ser, embora gerando novas formas de "sujeira". De modo diverso, instala-se o parâmetro da mudança constante, da incerteza e da desconfiança, tingindo a época pós-moderna e modificando constantemente aqueles que antes eram estranhos, gerando-se um percurso de procura pela retirada do estranho, a busca do puro. Contudo, os meios de conservar a pureza já não dão conta de tanto movimento que instaura angústia e impregna a vida cotidiana da pós-modernidade. Esse mundo desenha um sujeito que

> [...] tem que mostrar-se capaz de ser seduzido pela infinita possibilidade e constante renovação promovida pelo mercado consumidor, de se regozijar com a sorte de vestir e despir identidades, de passar a vida na caça interminável de cada vez mais intensas sensações e cada vez mais inebriante experiência. (Bauman, 1997, p. 23)

Aqueles que não passam pela prova da pureza pós-moderna transformam-se na atual "sujeira".

Para Bauman (1997), cada sociedade produz seus estranhos à sua própria maneira.

> Se os estranhos são as pessoas que não se encaixam no mapa cognitivo, moral ou estético do mundo – num desses mapas, em dois ou em todos três; se eles, portanto, por sua simples presença, deixam turvo o que deve ser transparente, confuso o que deve ser uma coerente receita para a ação, e impedem a satisfação

*de ser totalmente satisfatória; se eles poluem a alegria com a angústia, ao mesmo tempo que fazem atraente o fruto proibido; se, em outras palavras, eles obscurecem e tornam tênues as linhas de fronteira que devem ser claramente vistas; se, tendo feito tudo isso, geram a incerteza, que por sua vez dá origem ao mal-estar de se sentir perdido – então cada sociedade produz esses estranhos. (p. 27)*

Esses são os estranhos responsáveis por gerar mal-estar no social, já que acordam sentimentos de intolerância e dor naqueles considerados "puros", dentro da sociedade.

A Segunda Guerra Mundial foi o exemplo máximo da procura moderna por erradicar o estranho e expeli-lo como uma aberração a ser emendada, mas, finalmente, tal erradicação fracassou.

Nos tempos pós-modernos, a incerteza impera como valor que sustenta a mudança constante e errática do mundo, porém, estabelece-se como oposta à busca da ordem e identidade modernas. Isso também modifica o lugar:

*[...] os estranhos já não são autoritariamente pré-selecionados, definidos e separados, como costumavam ser nos tempos dos coerentes e duráveis programas de constituição da ordem administrados pelo estado. Agora, eles são tão instáveis e protéticos como a própria identidade de alguém, e tão pobremente baseados, tão erráticos e voláteis. Essa diferença que coloca o eu separado do não-eu e "nós" separados de "eles", já não é apresentada pela forma pré-ordenada do mundo, nem por um comando vindo das alturas. Ela precisa ser construída*

*e reconstruída, e construída uma vez mais, e de novo
reconstruída, nos dois lados ao mesmo tempo, nenhum
dos lados se gabando de maior durabilidade, ou exatamente da "gratuidade", do que o outro. Os estranhos de
hoje são subprodutos, mas também os meios de produção no incessante, porque jamais conclusivo, processo
de construção da identidade. (Bauman, 1997, p. 37)*

Poderíamos afirmar que o estranho pós-moderno se tem
modificado em concordância com a época e seus valores. Parece
demudar-se constantemente, e aquilo que era familiar deixa de sê-
-lo, para se apresentar rapidamente como estranho. Na pós-modernidade, perde-se a segurança de antes em troca da liberdade,
a individualidade e a satisfação do próprio desejo que igualmente
vêm acompanhados de incerteza e de mudanças. O estranho torna-se insuportável porque modifica o conceito de fronteira, o qual
delimita um espaço nosso de um espaço adverso e desconhecido,
acordando nos sujeitos a imperiosa necessidade de se desprender
daquilo que lhes é alheio. Esse estranho pós-moderno se diferencia do moderno, já que chegou para ficar, e os sujeitos vão ter que
lidar com ele o tempo inteiro, transformando-se assim em uma
questão constante de aprendizado, vivendo com a alteridade diária e permanente. O desconhecido terá que ser reconsiderado e
incluído. A diferença começa a ter um espaço e é reconhecida e
cuidada dentre os sujeitos pós-modernos. No entanto, as diferentes culturas parecem demarcar distintas fronteiras para catalogar
o estranho, de modo que, apesar de serem reconhecidos e aceitos,
os estranhos têm que ser respectivamente mantidos à parte. Assistimos à procura do sujeito pós-moderno pelo encontro com sua
própria identidade, mas também separado daqueles considerados
estranhos e estrangeiros.

Esse seria o conceito de estranho para a etapa pós-moderna, nas considerações de Zygmund Bauman.

Voltamos agora para os versos da canção da banda inglesa Genesis, citada no início do capítulo, em que se pergunta se alguém poderia indicar onde está a pátria de cada pessoa, e se isso é mesmo possível. A pergunta é dirigida aos olhos do amor verdadeiro e talvez faça alusão a qual seria o amor verdadeiro que cada sujeito tem com sua terra de nascença, seu país de escolha para viver, a terra à qual se identifica por razões religiosas, o país venerado por seu percurso histórico etc. (as possibilidades são infinitas). Mas a resposta nos surpreende porque a rainha do Talvez responde afirmando que nosso país está em cada um de nós, só se encontra em cada sujeito o país de pertença que ele mesmo menciona como seu. Tais palavras parecem denotar que tanto a pertença como o ser estrangeiro consistem em uma escolha subjetiva de cada um. Fica em aberto a questão.

# 5. Percurso de trabalho psicanalítico vincular

> *Quando o homem que deixa de ser criança para de brincar, não faz mais que prescindir de todo apoio nos objetos reais e, em lugar de brincar, fantasia. Faz castelos no ar; cria aquilo que denominamos devaneios ou sonhos diurnos. Ao meu julgamento, a maioria dos homens cria em alguns períodos de sua vida fantasias dessa ordem.*
>
> Freud, 1973a, p. 1344

Trabalhamos a partir de um método qualitativo, que pretende buscar auxílio na psicologia social, para tentar responder a algumas das perguntas feitas.

O método de trabalho procurará, por intermédio de encontros clínicos, fundamentados na psicanálise, trabalhar a experiência psíquica, intersubjetiva e transubjetiva, do processo de migração temporária para países diferentes do país de origem. Trata-se de um espaço clínico no qual se irá privilegiar o discurso vincular. Fundamentamo-nos teoricamente, porque os encontros clínicos estão dentro de uma certa perspectiva e porque adotamos e criamos essa forma de abordar os casos clínicos no formato vincular escolhido.

Nós nos basearemos no que Bleger (1984) descreve como "situação psicanalítica" (p. 237), constituída pelo espaço que abarca todos os fenômenos inclusos numa relação terapêutica. Dita situação engloba o processo analítico dentro do qual se analisa assim como o enquadre ou *setting*, que seria o não processo, já que implica as constantes nas quais se cumpre o processo propriamente dito. O enquadre desenha as constantes que delimitam o fenômeno clínico, incluindo o papel do analista e os fatores espaço-temporais.

> *Dessa maneira, o enquadre, ao ser constante, é decisivo dos fenômenos do processo da conduta. Em outros termos, o enquadre é uma metaconduta de que dependem os fenômenos que vamos reconhecer como condutas. É o implícito, mas do qual depende o explícito. (Bleger, 1984, p. 240)*

O processo psicanalítico implica as variáveis a serem analisadas. O enquadre ou *setting* é um fenômeno mudo, que só se faz presente quando os sujeitos o quebram dentro da situação analítica. A escuta se dirige ao sujeito em vínculo com sua família e com o contexto sociocultural que o acolhe.

A teoria da Psicanálise das Configurações Vinculares irá nos auxiliar a fazer uma leitura intersubjetiva do sujeito e seus vínculos nessa experiência de vida. Baseamo-nos na abordagem de família que Berenstein (2007) faz, destacando que

> *[...] vínculo familiar é o resultado de um fazer "entre" os sujeitos, nesse processo os sujeitos se tornam outros,*

*sem por isso deixar de integrar essa família. Trata se*
*de pensar a partir do suposto lugar chamado "entre"*
*sujeitos. (p. 23)*

*[...] A escuta da estrutura vincular leva a uma hierar-*
*quização no relato dos elementos intersubjetivos cor-*
*respondentes ao mundo vincular. (p. 45)*

Os *encontros terapêuticos em situação vincular* constroem-se
como uma situação clínica vincular, com uma escuta psicanalítica
vincular, dando espaço a intervenções clínicas do ponto de vista
psicanalítico, as quais visam abrir interrogações e desamarrar nós
que obstruem um fluir da experiência de expatriação; poderiam
ser chamados também de *encontros clínicos vinculares com efeitos*
*terapêuticos.* Trata-se de encontros que possibilitam aos sujeitos
se fazerem donos do momento de suas vidas, como processo de
subjetivação da experiência. As intervenções analíticas vão focar
no momento de vida atual, trazendo à tona as questões do passado que obstruem o caminho de expatriação presente. Uma leitura psicanalítica norteia nosso olhar, para permitir avançar, no
processo de adaptação, as mudanças que a situação traz. Dessa
forma, criamos um espaço no qual os expatriados e suas famílias
ponham em palavras o vivido na experiência de migração temporária, e a psicóloga fará assinalamentos e interpretações quando
isso for pertinente.

Para a presente reflexão, trabalhamos com sujeitos que foram
contatados por meio do sistema on-line de oferta de serviços chamado LinkedIn. Solicitaram-se expatriados que tivessem chegado
ao Brasil até um ano. Ofereceu-se um espaço psicológico de escuta
psicanalítica, a partir do qual os expatriados pudessem pôr em palavras e compartilhar as vivências da experiência de expatriação,

junto com a família com que vieram. Por essa escuta, a psicóloga ofereceu fazer assinalamentos e interpretar quando emergissem angústia e ansiedade ou quando ela achasse necessário.

Os interessados entraram em contato, alguns dos quais já tinham conhecimento desse trabalho por meio da empresa. Foi assinalada a importância do segredo profissional sobre tudo o explicitado nos encontros vinculares. Dessa forma, estabeleceu-se um limite para a empresa, deixando-a por fora do acesso aos dados colhidos na investigação, confirmando o compromisso ético da psicóloga com os participantes. Estaríamos, assim, introduzindo uma diferença, dentro desse trabalho, entre o funcionário expatriado que é parte da empresa e o sujeito expatriado escutado psicologicamente em suas experiências de vida.

Fizemos encontros clínico-vinculares com seis famílias e um casal, com duração de quatro horas cada um, como um único encontro com cada grupo de participantes. Os encontros clínicos vinculares foram feitos no consultório da psicóloga e em um consultório alugado, se as famílias estavam alocadas fora de São Paulo, como espaço neutro, fora das empresas. Os sujeitos que fazem parte desta pesquisa são pessoas da América Latina, que vêm morar temporariamente no Brasil e se comunicam com a psicóloga na sua língua natal: o espanhol. São sujeitos expatriados de um país latino-americano a outro país latino-americano. São sujeitos que têm vivido o impacto da mudança de forma recente, porém analisaremos os impactos dos primeiros momentos da experiência de expatriação. A amostra tida em conta para o presente trabalho inclui expatriados recém-chegados ao país de expatriação.

No entanto, este estudo orienta-se na direção de um recorte específico que examina os impactos iniciais que a mudança cultural traz à família, nos primeiros momentos. A presente reflexão não abrange os processos e transformações posteriores ao impacto inicial. Pensaremos no impacto que os momentos iniciais criam nos vínculos familiares postos à prova, gerando a possibilidade de quebrar estereotipias, por meio de transformações, ou permanecendo na repetição de modelos anteriores trazidos do passado vincular.

Para Bleger (1987), essa situação configura "[...] um instrumento fundamental do método clínico e é, portanto, uma técnica de investigação científica em psicologia" (p. 9). O autor afirma, ainda, que o método clínico é, em si mesmo, uma forma de investigação.

O trabalho com o expatriado e sua família pressupõe a exigência de mudanças no enquadramento psicanalítico tradicional. Maria Inês Fernandes, Olga Corrêa e Robson Colosio (2013) salientam que, dado o tipo de pacientes,

> [...] do ponto de vista clínico, exige a transformação do setting. Opera-se com a hipótese de que a perda das marcas culturais de origem, formações intermediárias fundamentais na constituição do aparelho psíquico grupal familiar implicaria uma fragilidade no processo de metabolização de conteúdos/vínculos transmitidos transgeracionalmente e prejuízo em sua função de conter/transformar e delimitar fronteiras destinadas a garantir a "imagem de família". (p. 1)

De acordo com os autores, nesses casos a técnica analítica se veria modificada, tendo em conta os sujeitos expatriados, migrantes temporários, em distintos países. Desse modo, se tentaria conseguir um enquadramento que habilitasse uma escuta e acolhida pertinente a esses sujeitos.

## Trabalho clínico

Decidimos trabalhar com expatriados como definidos na Introdução deste texto.

O funcionário expatriado (geralmente o homem, pai de família e esposo) vem na companhia de sua família. Ou seja, incluem-se: o funcionário em questão, a esposa, os filhos e membros da família, como a avó, que compartilhem a mesma experiência. Cada um dos sujeitos que faz parte da expatriação a vive de ângulos diversos e com diferentes perspectivas. O funcionário vem para trabalhar; os filhos vêm por escolha dos pais e têm que se adaptar à nova escola, nova língua, novos amigos; e a esposa fica, muitas vezes, em um lugar de muita solidão, já que depois de arrumar a casa e acompanhar os filhos na adaptação ao novo país tem que se apropriar do seu lugar subjetivo na experiência de expatriação.

A família, como discutimos, aparece como grupo de referência frente às experiências de "estrangeiridade" e desconhecimento do contexto social nas diversas culturas.

Nos encontros familiares, estarão presentes duas ou três gerações: pais, filhos e avó. Utilizaremos as falas dos adultos e os desenhos e ou brincadeiras das crianças como forma de nos aproximar da dinâmica inconsciente desse núcleo familiar. No encontro vincular de casal, só se farão presentes os dois sujeitos que estão nessa relação. Apresenta-se também a possibilidade de fazer uso de material de expressão e desenho (papel de diversos tamanhos, canetas, canetinhas, lápis, borracha, apontador), como uma forma alternativa de contar a experiência que estão vivendo.

Os desenhos que sejam produzidos neste trabalho serão objetos mediadores, a fim de dar conta da dinâmica inconsciente vincular como um objeto intermediário entre a palavra e o vivido em si. Os desenhos auxiliarão na construção vincular das cenas vividas durante os encontros terapêuticos. Esses instrumentos funcionam como objetos mediadores em atendimentos vinculares.

Trabalharemos em "encontros terapêuticos em situação vincular" como única intervenção com os expatriados e suas famílias.

Para considerar o material colhido, nós nos nortearemos pelos seguintes eixos ou categorias a serem analisadas:

1. A análise da psicanálise vincular específica para cada família. Isso abrange uma análise da modificação da estrutura familiar inconsciente, durante o processo de mudança, ou a persistência de aspectos passados anteriores à vinda ao novo país, sem alterações posteriores decorrentes da mudança, bem como outros aspectos: a diferença entre a expectativa com que vinham e a realidade, o ganho financeiro maior que a empresa oferece e o preço subjetivo não calculado que a experiência implica, o impacto da falta da família estendida como apoio à família etc. Todos esses tópicos são relacionados à dinâmica familiar e aos vínculos que se tecem entre eles.

2. Análise em função da problemática social que trazem os conceitos teóricos de globalização, cultura, fronteira, e interculturalidade, à luz do material clínico colhido. O desenvolvimento da vivência de interculturalidade como possibilidade na expatriação pelos sujeitos vinculares, ou o não logro da experiência de interculturalidade como modificação intersubjetiva. A elaboração da situação de expatriação como vivência de perda e luto pela cultura do país de origem ou a possibilidade de achar modificações e transformações que permitam aos sujeitos se adaptar e integrar na nova cultura. Conferir o perfil que os expatriados e suas famílias trazem como "cidadãos do mundo", sujeitos

integrados globalmente, "nômades contemporâneos", ou sujeitos que não conseguiriam adotar esse perfil. Ou seja, como os sujeitos e seus vínculos se colocam frente a esses conceitos teóricos.

# 6. Casos clínicos

*Não se trata de responder para fechar as dúvidas, mas
de suscitar processos de pensamento que produzam
um permanente desalojamento, ao que haverá de
tolerar e, mais ainda, desfrutar. Sem essas incertezas,
não temos incentivos para nos questionar.*

Puget, 2014, p. 16

Apresentaremos os materiais clínicos colhidos para o trabalho. Alguns dados foram modificados para preservar a identidade dos participantes. Iremos intercalando a exposição do material com sua interpretação, seguindo os eixos interpretativos citados no capítulo anterior.

## Caso clínico 1

Família constituída pelo pai, Gustavo, funcionário expatriado de 35 anos, Nora, a esposa, de 34 anos, e a filha Ana Maria, de 8 anos. Eles vêm da Colômbia para sua primeira expatriação e faz um ano que estão no Rio de Janeiro.

Gustavo e Nora são um casal de idade média, que contam sobre a expatriação no encontro. Ana Maria desenha, muito empenhada em seu trabalho, usando primeiro uma folha grande (Figura 6.1), depois uma folha pequena (Figuras 6.2 e 6.3) e, por último, uma folha grande novamente (Figura 6.4). Não intervém na conversa e trabalha muito concentrada em seus desenhos. Depois do primeiro desenho, descreve no verso da folha cada elemento desenhado; no segundo desenho, faz uma história no verso; e no terceiro, só desenha na frente da folha.[1]

Gustavo: *Estamos em pleno processo de adaptação, aqui não tinham um lugar preparado para nós, suponho que quando volte para Colômbia vou ter que procurar meu espaço também, já que pensamos regressar. Estamos aqui pela oportunidade para que eu trabalhe; trabalho o tempo completo, nossa filha vai se enriquecer com outra cultura, conhecendo novos professores na escola. O que está sendo muito instável é a logística para a instalação de nossas coisas, no apartamento. Minha esposa tem que ficar presa no apartamento, aguardando pelos que conectam o gás, a eletricidade, a mudança etc. Tudo é deixado para última hora e, depois, acabam correndo, por falta de planejamento. Neste país são devagar para resolver a burocracia, eles não dão soluções a você, você tem que dar a solução para eles, a gente se torna criativo e, às vezes, por causa do medo, propõe coisas. A logística impede uma adaptação mais como parte de um processo, isso faz que a gente sempre se sinta um expatriado, são sentimentos bons e maus, ao mesmo tempo. Às vezes, penso: o que vou fazer com minha família?*

---

1   Trabalharemos e explicaremos os desenhos quando eles forem introduzidos no discurso familiar, mais à frente.

Gustavo começa trazendo a ambivalência dos afetos que surge quando reflete sobre a expatriação, traz uma queixa e reclamações sobre o Brasil e o brasileiro, que não os acolhe tanto como eles precisariam, ao mesmo tempo que fala da oportunidade de aprendizado que implica a experiência para eles. Em função das mudanças, surgem os afetos ambivalentes que demonstram as perdas e os ganhos, misturados dentro deles.

*Nora: Conseguimos apartamento para alugar pelo e-mail, na última semana de hotel, se não conseguíamos a gente estava "fregada".[2] Aqui são espertos no bom sentido, é vantajoso, porque tentam mudar as coisas, mas eles querem mudar o que incomoda. Às vezes, quando vou fazer as compras, é irritante para mim, estou preocupada pensando se vamos conseguir nos adaptar. Mudar de país gera instabilidade, mas depois a gente se adapta. Seria ótimo conseguir viajar para nosso país uma vez por mês para ver a família, abraçá-los, sentir o ser querido, o tom de voz tranquilizador, e depois voltar. Sempre pensamos que perdemos o aniversário de tal ou qual.*

*Terapeuta:[3] Não parece estar sendo fácil para vocês deixar para trás os entes queridos, na verdade, não é fácil para ninguém. Faz quanto tempo que vocês estão no Brasil?*

*Nora: Em julho vai fazer um ano.*

---

2   Gíria que corresponde a dizer que estavam "ferrados".
3   Embora esse trabalho clínico não tenha uma sequência no tempo, eu me nomeio como terapeuta, já que acredito que se trata de um encontro terapêutico. O encontro está enquadrado dentro de uma escuta psicanalítica que permite, por momentos, desenvolver intervenções que viram terapêuticas e possibilitam, por meio da psicanálise, ampliar o espectro com que esses sujeitos se enxergam e vivenciam as experiências que estão vivendo.

Nora traz a ambivalência no que concerne ao país de origem e ao país de acolhida. Eles conhecem os códigos do país de origem, e morar no Brasil implica uma adaptação e reconhecimento da diferença que significa estar inserido em uma cultura diferente daquela em que foram criados. Recorre a um termo coloquial em espanhol como referência ao que lhe dá tranquilidade, visto que remete ao conhecido. O Brasil parece levá-los ao estrangeiro, ao *Unheimlich*, sinistro, enquanto desconhecido, ficando sem códigos que os orientem. Aparece a fantasia de que viagens esporádicas ao país de origem poderiam acalmar a angústia e a desorientação que desperta a vivência em um país estrangeiro, mas essa fantasia representa um modo ilusório de habitar, já que não estão nem aqui, nem ali. Talvez apareça aqui a dor e a resistência inconsciente a deixar o país de origem, para assim conseguir depois aceitar o país de expatriação como o lugar onde moram no momento atual.

*Gustavo: Eu não fui escolher as escolas nem os apartamentos, pois estou trabalhando, só elas foram, eu vim ao Brasil antes que elas.*

*Nora: Eu me faço escutar falando alto com o pessoal de RH da empresa.*

*Gustavo: Passamos as faturas para a empresa. Aqui procuramos morar perto dos bons bairros, mas temos que sacrificar algumas coisas. Em Bogotá, nós tínhamos tudo perto, mas aqui ganhamos qualidade de vida. Os pais dela, na Colômbia, moravam a dois minutos de casa, o colégio estava a quinze minutos, o escritório igual. Estávamos todos confortáveis, eu ia almoçar em casa todo dia. Essa mudança de estilo de vida bateu forte em nós.*

*Nora: Aqui conseguimos uma boa educação para Ana Maria, lá não tínhamos carro, aqui temos que procurar onde estacionar, mas é bom ter carro.*

*Ana Maria: Eu sinto saudades das batatas de lá, mas adoro o chester aqui.*

Começa a aparecer aqui, no discurso familiar, um espaço para perceber as diferenças; defrontam-se com os ganhos e as perdas, mas o que é privilegiado é o diferente. O modo de viver brasileiro é visto como estranho, *"ajeno"*, com uma opacidade frente à qual eles não conseguem se subtrair. A possibilidade de enxergar a nova cultura, com suas diferenças, enseja comparar com a forma anterior de habitar os espaços, para depois começar a se instalar no novo *habitat*. Parece ser a filha a que melhor consegue fazer isso e o traz a partir dos alimentos que remetem ao mais primário do registro oral, "batatas lá" e "chester aqui". Ana Maria desenha muito ativamente e de maneira concentrada na sua tarefa.

*Gustavo: A vida não pode ser igualada, aqui fazemos vida de família, nós três compartilhamos tudo. Na Colômbia, eu era apegado à minha mãe e ao meu pai, e tínhamos pouco tempo para nós três. Essa é uma etapa melhor para mim, só temos nós três para resolver tudo entre nós, podemos ser mais nós. Às vezes temos problemas com Ana Maria, pois ela está muito rebelde. Ela não respeita os horários e brigamos por causa disso.*

*Ana Maria: Minha mãe é exagerada com o horário, quer que eu esteja pronta mais cedo, e ontem, antes da van escolar vir me buscar, ela queria que eu usasse o casaco que estava sujo, já que não dava tempo para passar o outro.*

*Nora: Em Bogotá, Ana Maria se deixava pentear, agora ela tem outra idade e quer só da forma dela.*

*Ana Maria: Quando ia ao jardim da infância, eu sempre fazia tudo rápido como você pedia, na Colômbia era igual.*

Gustavo sublinha como, ao estar longe da família de origem, acha para si a possibilidade de se instalar no lugar de pai. A distância parece lhe outorgar o que não podia tomar para si, perto de seus pais, porque, na presença deles, parecia só conseguir ficar no lugar de filho e não se fazer dono do lugar de pai e esposo que lhe pertence em sua própria família. A questão que se abre aqui é como se fazer um espaço interno para constituir-se como adulto responsável e pai cuidador de seu núcleo familiar que não seja só em outra terra, fora de sua terra natal. A experiência de ficarem os três juntos como família, no Brasil, providencia aos pais a possibilidade de se fazerem donos do lugar parental, crescerem e virarem adultos; mas, aqui, a filha oferece certas resistências para respeitar às leis desses pais, na nova função que lhes pertence. Ana Maria parece não aceitar se submeter às leis parentais e opõe-se, cita o tempo em que ia ao jardim maternal e seguia ao pé da letra os pedidos maternos, associando essa situação de aceitação sem questionamentos a estar na Colômbia. Talvez, ao ter ela crescido, não haja um espaço na família para uma criança de 8 anos, de sorte que persiste aquele lugar de menina pequena que deveria evoluir, pois ela já está em outra etapa evolutiva. Ana Maria critica esse olhar dos pais que a veem como criancinha e não conseguem enxergar quem ela é agora, que cresceu e virou uma criança escolar. Fica em aberto a questão de por que isso sucede. Continuemos escutando o discurso familiar.

*Gustavo: Sempre temos que esperar por Ana Maria, sempre.*

*Nora: Ela tem que aprender a lidar melhor com o tempo. Com a comida, temos o mesmo problema: ela não toma café da manhã, porque não tem tempo para sentar e fazer uma refeição. O choque com ela começa já desde a manhã. Sempre estamos brigando, às vezes teríamos que relaxar, mas não dá.*

*Gustavo: Ela teve um conflito com a professora de inglês na escola, mas agora já melhorou. Ela tem problemas para se adaptar aos tempos dos outros; questiona a autoridade. Eu acho que uma coisa é ser desobediente e outra coisa é ter critério. Eu dou espaço para Ana Maria e ela não briga tanto comigo, o problema é com a mãe, para ficar pronta para seu dia a dia.*

Mencionam aqui um conflito com a professora de inglês, assinalando como, frente a uma língua estrangeira, surgem os desencontros e as dificuldades para se adaptar e conseguir se comunicar. Esse conflito não atinge somente a filha, mas todo o núcleo familiar, uma vez que, no Brasil, eles têm que se defrontar com a língua portuguesa, que é distinta da língua materna. Ana Maria parece desafiar as mulheres e não aceitar as leis que estas impõem para ela, seja a professora, seja a mãe. O pai aparece aqui diferenciado da mãe nas funções parentais que exerce: a filha parece respeitar o pai, porque este lhe providencia um espaço para ser ela mesma, contudo, o grande problema se situa entre mãe e filha. Talvez o que fica despercebido é que Ana Maria tem crescido e pareceria estar pedindo um espaço familiar para uma criança de 8 anos, a qual também possa expressar seus desejos e suas escolhas pessoais. A briga aparece como resistência à anulação do espaço de desejo da filha dentro da família. Vejamos se os desenhos, na forma de objetos intermediários, trazem luz sobre o conflito que os pais relatam.

Talvez Ana Maria seja a portadora, na família, da rebeldia contra as mudanças, já que é a única que se permite abertamente entrar em conflito com uma língua estrangeira, sentir saudades dos costumes de sua terra natal e das pessoas que deixou lá, rebelando-se contra os pais que estão com ela no Brasil, os quais não habilitam um lugar de crescimento e mudança para ela.

A terapeuta se aproxima de Ana Maria para ver os desenhos que está fazendo e observar se eles têm alguma ligação com o discurso familiar.

*Terapeuta: Ana Maria, conte o que é que você está desenhando...*

*Ana Maria [vai escrevendo na parte de trás de cada desenho o que descreve]: No primeiro desenho, eu fiz um pintinho, uma flor, uma árvore, grama, uma borboleta e duas nuvens (Figura 6.1, desenho feito em folha grande).*

*Terapeuta: O pintinho parece estar sozinho, nesse desenho.*

*Ana Maria: Mas no segundo tem uma garota e tem um sol (Figura 6.2, desenho feito em folha pequena). Vou escrever a história da menina (Figura 6.3) [Ela vai escrevendo e falando em voz alta. Escreve em espanhol, mas com erros de grafia]. Uma vez uma menina estava caminhando e ela gostava de brincar no jardim de sua avozinha. E ela ia à piscina quando tinha calor e estava fazendo sol. Aqui também tem um sol.*

*Terapeuta: Então, nesse desenho, a menina não está sozinha, pois está no jardim de sua avozinha e faz tudo aquilo que ela tem vontade de fazer, mas, no primeiro desenho, tem um pintinho sozinho. Será que você está se sentindo muito sozinha, aqui no Brasil, e sentindo falta da família que estava sempre por perto, na Colômbia?*

*Nora: Na Colômbia, sempre alguém saía a defendê-la, ela sempre achava uma fada madrinha para tudo o que queria fazer.*

*Gustavo: Ela é a única neta e sempre foi a menina favorecida, por ser a mais nova.*

*Nora: Sempre que nós, como pais, a corrigíamos, alguém saía a defendê-la, e a barreira de agora é que nem sempre as coisas são como ela quer. Eu também tenho meus deveres na vida e a razão nem sempre está comigo [a mãe aponta o sol, na Figura 6.2]. A família não pode ser tão boazinha.*

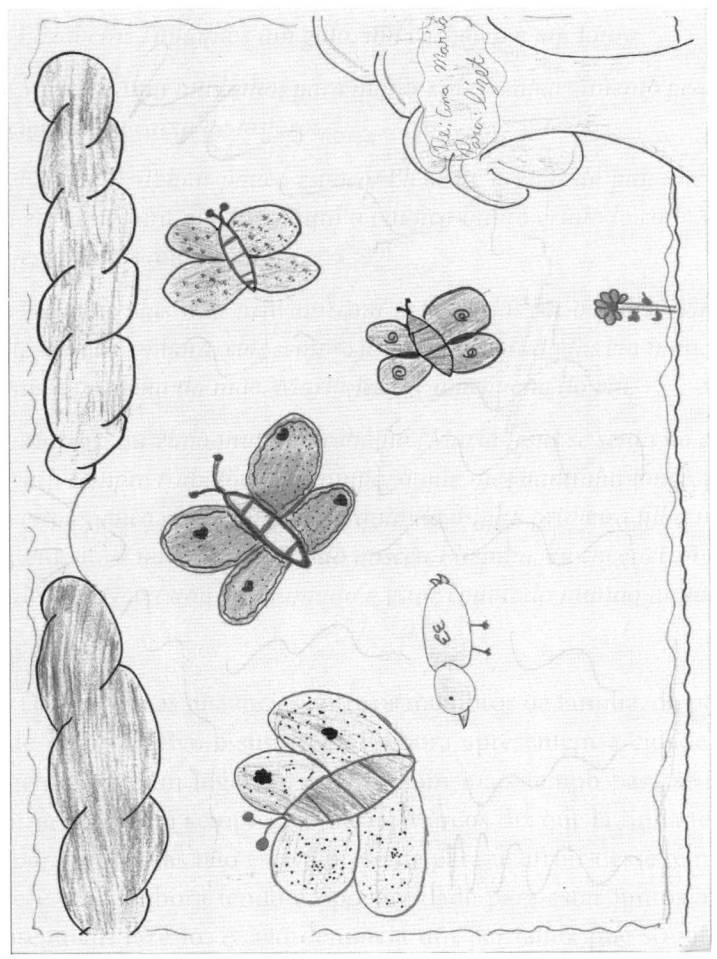

*Figura 6.1 Desenho colorido de Ana Maria em folha grande.*
*Ela nomeia no verso o que desenhou.*

*Figura 6.2 Desenho colorido de Ana Maria em folha pequena com história no verso.*

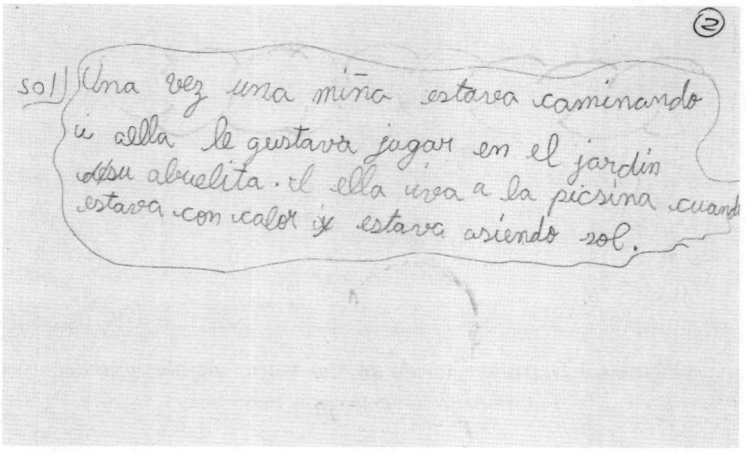

*Figura 6.3 História do desenho anterior escrita no verso.*

*Gustavo: Nós nunca abrimos esse tipo de divergências na frente da menina. Ela estava muito apoiada pela avó, na Colômbia, e falamos que agora, no Brasil, temos que educá-la, além de que ela está crescendo.*

É possível notar, aqui, toda a vulnerabilidade que sentem em um país estrangeiro, onde ninguém os defende, porque eles têm que fazer isso sozinhos, para conseguir crescer e cumprir seus deveres e responsabilidades. Ao sair de baixo das asas dos pais e dos parentes, todos se veem desafiados a se desenvolver e abrir as possibilidades na vida, situação que vem ilustrada nos desenhos, que, no início, estão mais vazios e pobres, porém lentamente vão se enriquecendo e povoando de elementos que antes pareciam estar apagados ou esquecidos para eles. Na Figura 6.1, Ana Maria desenha-se como um pintinho em terra de borboletas gigantes, talvez seja como ela se sente no Brasil: um anão em terra de gigantes. As proporções do desenho indicam isso, ela se sente pequena como o pintinho do lado de grandes borboletas coloridas. O pintinho não tem chão no desenho, está pendurado no ar, o que o deixa em situação de grande vulnerabilidade para não cair, em contraposição às borboletas, que sempre voam e conseguem se sustentar no ar. Na Figura 6.2, desenha uma menina de grandes proporções acompanhada de uma árvore e um sol pequenos, mas a figura apresenta características de uma certa imobilidade, parece ter os braços travados. Inverte-se aqui a situação da Figura 6.1. Note-se que tanto na Figura 6.1 como na 6.2 a filha escreve seu nome no desenho e dedica os desenhos à terapeuta, indicando um pedido de ajuda para que esta os habilite a falar sobre essa situação de conflito e dor que estão vivendo, criando um caminho de abertura para expor o que eles sentem.

Ana Maria parece ser a única na família que dá a si mesma a permissão para sentir saudades, para fazer aparecer seus afetos, ainda que seja reagindo às condutas dos pais, que abafam esse tipo de sentimentos, porque talvez não saibam como lidar com eles. Ela abre, no encontro, o conflito que está nos vínculos familiares e que não pertence só a ela, mas a todo o núcleo familiar. A filha descobre o que esses pais negam e escondem, por não saber como lidar com o conflito e usá-lo para se enriquecer e se abrir ao mundo circundante e às situações novas que a expatriação oferta a eles. Só quando Ana Maria desenha e abre o espaço para mencionar a falta é que os pais conseguem se sensibilizar às diferenças e expor sobre a conformação da família na Colômbia e aqui no Brasil, viabilizando e mostrando as dificuldades no encontro entre os desenhos de Ana Maria e os relatos dos pais. Desse modo, visualizamos como vão construindo um discurso familiar vincular a partir do qual desvelam situações que os incluem e os auxiliam a enxergar o conflito, a fim de conseguir reagir e usar a situação para elaborar, no vínculo, esse conflito familiar.

*Terapeuta: Ana Maria, você não falou do terceiro desenho, está muito colorido, tem um monte de borboletas na parte de cima, com um sol brilhando e nuvens, mas está separado do resto por uma linha divisória: abaixo está a menina sozinha acompanhada por flores, uma árvore e o mar. Será que esse último desenho ilustra você, aqui no Brasil, separada de todas as concessões que recebia na Colômbia? (Figura 6.4, desenho feito em folha grande).*

*Ana Maria: Pode ser, sim.*

*Figura 6.4 Desenho de Ana Maria em folha grande, muito colorido.*

A Figura 6.3 indica uma evolução e integração dos aspectos que estavam sendo discutidos. Ana Maria consegue unir os universos que fazem parte dela em um desenho só, o país de origem e o país de expatriação, todavia, divididos por uma linha divisória que os separa e impede ir de um ao outro, testemunhando sobre os limites e a distância que separa os dois espaços geográficos. A Colômbia aparece aqui povoada de borboletas coloridas voando ao lado do sol e das nuvens, separadas pela linha que divide os dois países; no Brasil, encontra-se uma menina desenhada agora com proporções concordantes ao que está do lado: o mar, uma árvore e duas flores. Apesar de ser um espaço mais vazio de elementos, outorga à menina uma sustentação no chão, em companhia dos elementos que a rodeiam. Aqui se vê encenado no desenho o conceito da interculturalidade, ficando nele plasmadas as diversas representações transculturais e interculturais com que os países e culturas, nos quais as pessoas residem, os marcam e os habitam. Poderíamos afirmar que o desenho mostra a interseção e os limites e bordas de duas culturas, de modo uníssono, no núcleo familiar. Essa integração de culturas em um só espaço implica a coexistência de um grau de adaptação ao lado de um grau de discriminação e diferenciação.

*Gustavo: Nós achamos que tudo isso temos que corrigir em casa e não com um estranho no meio. Se você não faz isso, alguém vai fazer por você e vai corrigir você.*

*Nora: Tem tempo para tudo na vida, até para corrigir erros de educação.*

*Terapeuta: Acho que Ana Maria está nos relatando como se sente sozinha frente à expatriação e como a mudança foi muito radical de um dia para o outro. Talvez esteja pedindo que vocês a acompanhem nessa transição de vida de criança a jovem, de estar perto da família protetora na Colômbia e a se defrontar com os limites diários da vida, aqui no Brasil. A questão que ela traz é como acomodar-se às mudanças em um processo de adaptação que não seja tão frontal, que poupe vocês todos das brigas, para que possam acompanhá-la na transição.*

*Nora: Entendi, eu não estava vendo tudo isso que você está assinalando.*

Nas palavras da mãe, revela-se um espaço de compreensão para a angústia e a dor que estão sendo expostas entre eles. Quando Nora diz ter entendido, parece dar conta da dor que também é compartilhada por eles e vivida de diversas formas, de acordo com cada um dos sujeitos que compõem a família. Essas são palavras de encontro mútuo, já que a mãe parece reconhecer que estava olhando para a situação de um modo muito exigente, sem dar espaço à angústia que circula, a partir das mudanças e rearranjos familiares.

Gustavo traz à tona o estranho que se apresenta entre eles, estranho que estaria projetado na figura da terapeuta, como terceiro que ocupa esse lugar "*ajeno*" e desconhecido, entretanto, que surge no lugar de todo o estrangeiro que os cerca e com que eles têm de lidar, no cotidiano de sua experiência de ser estrangeiros, em terra alheia, e conseguir processar. A estrutura familiar tem-se modificado a partir da expatriação, porque esta ajudou a delimitar um espaço de relacionamento e vínculo para eles três como exclusivos integrantes de sua própria família, deixando excluídos os parentes que fazem parte da família estendida, no país de origem.

*Gustavo: Eu vejo tudo para a frente, acho que estamos educando. Acho que consigo ser o pai de nossa família, você compreende?*

(O clima emocional vincular[4] da sessão foi mudando, começaram falando de modo mais distante, a menina estava em seu mundo, e não interagia. Depois, com a intervenção analítica, começaram a estabelecer ligações de significado e o clima foi se tornando

---

4    O conceito de clima emocional vincular para a Psicanálise das Configurações Vinculares é uma ampliação do conceito de transferência e contratransferência da psicanálise tradicional. Na análise vincular, o analista faz parte da cena vincular e está incluído nela, porém, os autores da Psicanálise das Configurações Vinculares tomam emprestado da geografia o conceito de clima, o qual abarca todos os sujeitos que fazem parte da cena e não podem ser subtraídos, já que participam dela. Analista e pacientes compartilham o clima emocional vincular, que reproduz, na análise, a transferência e contratransferência vincular familiar.

de maior compreensão, abaixaram as exigências e começaram a se enxergar, cada um no sofrimento diante da situação de mudança.)

*Terapeuta: Não é fácil o processo que vocês estão vivendo: têm que conviver ao mesmo tempo com as perdas e os ganhos pela expatriação. Tem coisas que vocês estão perdendo e outras que estão ganhando, mas, talvez, se tentarem um compreender ao outro, vocês consigam se acompanhar no processo, em vez de trazer a briga para o centro da família, que coloca em cena as culturas em conflito por causa da mudança. Fui percebendo, em nossa conversa, uma mudança na relação entre vocês, quando conseguiram um se pôr no lugar do outro. Também deixaram de ser tão exigentes e compartilharam a dor e a alegria juntos.*

Essa família conseguiu fazer um processo de elaboração da situação de ser estrangeiros em terra estranha, nesse *encontro terapêutico em situação vincular*. Eles conseguiram se modificar como conjunto familiar e transformar os afetos em torno das mudanças. Esse processo poderá habilitá-los a continuar numa busca pessoal de seus próprios desejos e à consecução destes, da mesma forma que conseguiram tecer vínculos mais fortes, ricos e criativos entre si para evoluir como núcleo familiar.

## Caso clínico 2

Família formada pela mãe, Rosemary, funcionária expatriada, de 46 anos, o pai, Alex, de 48 anos, e dois filhos: Marcela, de 20 anos, e Alex, de 17 (que não comparece). Eles vêm da Bolívia, na sua primeira expatriação, e faz seis meses que estão no Brasil.

Apresentam-se o casal e a filha Marcela. Os pais parecem ter em torno de 50 anos, Alex pai veste-se de forma muito simples. Rosemary veste roupa social de trabalho, que destoa da aparência de Alex pai.

*Rosemary: Eu trabalho com RH aqui, assim como trabalhava em Santa Cruz. Meus filhos são grandes e todo o mundo me dizia que em três meses falariam português, mas não foi assim. Meu filho não se adaptou, tivemos que aguardar a burocracia brasileira, com o risco de que ele perdesse o ano de estudos, mas conseguiu retornar à Bolívia. Ele foi o único que voltou e mora com minha irmã. Ele quis vir, mas depois queria voltar e tive que ver como fazer para que ele ficasse lá, já que nós tínhamos vendido nossa casa. Estudar aqui é muito caro, a ajuda que recebemos da empresa é média. Marcelinha estudava na Universidade Católica da Bolívia, mas aqui ir para a Universidade Católica ultrapassa o dinheiro que a empresa nos dá para o estudo dela. Eu tento convencê-la para que estude e aprimore o português e que faça um estudo técnico, já que isso, sim, poderia pagar com o que nos dão para os estudos, indiquei para ela fazer estudos mais curtos e mais baratos, como comunicação, fotografia, desenho de modas ou interiores, mas ela não sabe se gosta disso. Depois, talvez pudesse continuar na Bolívia, na universidade. O mesmo falei para meu filho, ele só tinha que aguentar três anos aqui no Brasil, mas não aguentou e foi embora. Se tivéssemos filhos mais novos, não seria um problema estudar no Brasil, mas no nível de faculdade é impossível com o que a corporação nos dá para que eles estudem.*

*Marcela: Eu só teria condições de fazer fotografia, mas para que vai me servir? Para nada, eu falo pouco português. Ela fica desesperada, porque eu também quero ir embora daqui.*

*Rosemary: Eu falo para ela fazer universidade de Moda ou Design de Interiores. Agora, ela não faz mais que estudar português e está aguardando.*

*Terapeuta: Quando vocês chegaram aqui?*

*Rosemary: Faz seis meses.*

Desde o início, Rosemary apresenta-se negando a mudança de país, porque diz "trabalhar com o mesmo que fazia em Santa Cruz", situação que é impossível, pois ela está em outro país; pode ter a mesma função no departamento de recursos humanos, contudo, o trabalho não é o mesmo, visto que mudaram os contextos. Rosemary expõe sua impossibilidade, como mãe e esposa, de perceber a mudança e apresentá-la a sua família, para assim desenvolver um processo de elaboração entre eles. A família aparece tão invadida pela angústia que mal consegue se apresentar à psicóloga, focando desde o início na grande dificuldade que estão vivendo para se inserir no país estrangeiro. Essa angústia parece transbordar e invadir a cena toda. A mãe sente que não consegue dar aos filhos aquilo que ela sonhava dar-lhes ao aceitar vir para o Brasil, enquanto a filha sente seus desejos desrespeitados, já que não consegue fazer uma escolha de estudos baseada em suas opções pessoais, tendo de escolher somente com base nas opções práticas que o dinheiro que a empresa lhes permite. O pai permanece calado, talvez encenando seu lugar na família, que implica o silêncio e o esquecimento de sua pessoa. Um dos membros da família retorna ao país de origem, como situação de fracasso frente à experiência de expatriação. Esse retorno divide a família e mostra a impossibilidade familiar de mudar, adaptar-se e modificar-se, em face das alterações dos contextos que os rodeiam. Também apresentam espaços diferentes para o filho homem e a filha mulher na estrutura familiar; ele tem seus desejos respeitados, ouvem seus pedidos e, assim, consegue retornar ao país de origem, mas a filha, por outro lado, não é ouvida, ficando presa entre as figuras parentais no país estrangeiro. O filho tem permissão familiar para se mexer e desenhar seu próprio caminho de vida, enquanto a filha, por ser mulher, não tem permissão de agir por si só. Vemos como se constituem os distintos membros da família, que parecem funcionar em bloco – uns podem agir de modo independente e outros ficam dependentes, dentro da família. Essa ordem familiar imprime-se dentro da estrutura familiar, com direitos e deveres diferentes, que os membros da família terão que cumprir para fazer parte dessa organização familiar.

*Marcela: Na Bolívia, eu queria estudar arquitetura, mas como aqui não posso, decidi fazer comunicação, já que isso não tenho como estudar na Bolívia. Mas a diferença entre o estudo aqui e lá é abismal [começa a chorar], é muito difícil estudar aqui para nós. Não é fácil deixar o seu país.*

*Terapeuta: Dá para ver que você está muito angustiada, Marcela, com toda essa situação difícil de contornar. Vamos tentar pensar juntos a respeito. Vocês se informaram sobre o Brasil, antes de vir para cá? Pesquisaram antes de aceitar a oferta da empresa?*

*Rosemary: Não.*

*Alex: Eu tenho duas situações de trabalho diferentes, eu era... sou mecânico de aviões, fiquei trabalhando para a empresa do Estado da Bolívia por dois anos sem receber salário, nem benefícios sociais; eles prometiam nos pagar, mas isso nunca aconteceu. Porém, escolhi a opção de vir atrás de minha esposa para ajudá-la, mas isso é fictício. Eu me sinto mal. Por causa de meu passaporte, não posso trabalhar, não posso fazer nada. É impossível trabalhar aqui, o trabalho é só para os brasileiros. Na Bolívia, era comum que viessem* estrangeiros a trabalhar conosco, essas eram as primeiras pessoas que tinham transferência e não eram expatriados.

Rosemary: Eu trabalhava na fábrica de La Paz capacitando pessoas, as fábricas foram privatizadas, mas o governo de Evo Morales as recuperou, eu era a gerente de recursos humanos, mas o ambiente virou muito politizado, os sindicatos dominavam e o ambiente foi ficando feio. Recebo o convite para vir trabalhar no Brasil, e não sabíamos dos riscos nem o que podia acontecer. Eu tinha que decidir. A empresa em que Alex trabalhava não lhe pagava fazia dois anos e eu corria o risco de ficar sem trabalho. Decidi vir sozinha, para fazer uma fase de transição da expatriação. Eu vim para cá, estou feliz com a experiência, acho que tem sido boa, vai acrescentar em meu currículo, mas não sei se compensa o grande sacrifício de toda a família.

Alex: Foi uma mudança muito radical.

Marcela: Chegamos no dia 20, sem saber bem o que íamos receber de ajuda financeira. As condições aqui são diferentes das que foram prometidas e ficamos muito desmotivados; em vez de sermos expatriados, fizeram uma transferência temporária para o trabalho da minha mãe, não é um trabalho internacional. Se fossemos expatriados, receberíamos muito mais ajuda econômica para todos os membros da família; mas, ao ser só um contrato de trabalho normal, não recebemos.

Vão descrevendo um entorno sociopolítico, na Bolívia, que parece havê-los expulsado do país. Alex, ao tentar se definir, duvida entre falar no tempo presente ou no tempo passado, vacila entre definir-se na atualidade como mecânico de aviões ou definir sua profissão como coisa do passado. Diz ter trabalhado sem receber salário, e Rosemary sentiu-se empurrada pela situação política do país a aceitar a expatriação. Tudo isso é o contexto social que os apressou a tomar decisões. Tanto do ponto de vista intrassubjetivo como do intersubjetivo, eles não parecem ter pensado sobre as mudanças. Nem internamente, nem nos vínculos familiares, parecem não ter percebido mudanças subjetivas, nem nenhum corte com o modo de vida que tinham na Bolívia, e, assim, não conseguiram se preparar para as mudanças que de fato apareceriam na troca de país de moradia. Parece que a estrutura familiar apresenta grandes resistências para modificar-se, porque não levaram em consideração todas as mudanças que os rodeavam.

O intuito familiar de trasladar uma situação intacta de um país ao outro faz operar a renegação da realidade, mecanismo de defesa radical para apagar uma parte da realidade por ela ser altamente dolorosa. Talvez a realidade que eles tentam apagar tenha a ver com a situação política e econômica da Bolívia e a precariedade na qual viviam lá. A mudança de país tenta obstruir a situação penosa da Bolívia, onde, por exemplo, o pai trabalhava fazia dois anos sem receber salário; todavia, a razão dessa situação é silenciada. As lembranças que trazem do país natal só focam nas situações positivas e não na precariedade com que viviam lá, já que isso é borrado. A realidade de vida que enfrentavam, na Bolívia, parece estar cheia de não ditos, de situações não declaradas, que não ficam claras no discurso familiar. O que fica como pergunta é: a renegação remete ao que eles não querem enxergar, ou à situação política boliviana, da qual não estão autorizados a falar? Essa pergunta fica em aberto, como hipótese. O mecanismo de renegação está operando e não os habilita a modificar-se para conseguir se inserir na nova realidade brasileira que os circunda. Essa situação denuncia uma falha na elaboração da mudança.

*Rosemary: Tenho colegas com filhos pequenos que conseguiram pagar o colégio que queriam, moram em um bom bairro; mas isso não aconteceu conosco. Nada fica dentro dos custos que a empresa nos paga, e cada vez baixamos mais e mais na escala social. Eu queria que eles estudassem como na Bolívia, mas isso não é possível com o que nos dão para as despesas!*

*Terapeuta: Vocês não sabiam das condições com que vinham para Brasil e vieram só se baseando em seus anseios e desejos do que seria morar em outro país, mas a realidade parece mostrar uma coisa muito diferente da que vocês sonhavam. Parecem estar se deparando com um choque entre seus sonhos e a realidade, e talvez estejam pensando em como se adaptar a tanta discordância entre um e outro. Vão ter que pensar como lidar com essas distâncias e diferenças.*

*Rosemary: Nós nunca pesquisamos. Com o que eu recebo, não dá para que ela estude aqui e meu filho, na Bolívia. Com o salário que recebo, a minha carreira está truncada. Você sabe o que significou para mim ter que deixar meu filho regressar para a Bolívia [começa a chorar, muito angustiada]. Ali, se você dispõe de 500 dólares, como me dão aqui, para pagar o estudo do filho, consegue e sobra; mas aqui não dá para nada. Os aluguéis também são muito caros, não moramos onde escolheríamos morar, pois o dinheiro não é suficiente para pagar isso. Nós não sabíamos nada disso antes de vir [chora muito], a diferença dos salários é muita. Na minha divisão, no trabalho, tem colegas que ganham bem e conseguem poupar dinheiro; nós nem conseguimos alugar um apartamento de três quartos. Na Bolívia, tínhamos uma casa de dois andares, três carros, vendemos tudo e agora vivemos assim. Impacta muito tudo isso e não temos como voltar atrás. Isso traz crises em casa, brigas fortes, nesses seis meses em que moramos no Brasil. Ela quer ir embora com o pai e eu ficaria aqui sozinha. Eu já trabalhei vinte anos e não quero perder minha aposentadoria, vou precisar dela algum dia. Tudo isso é um absurdo, eu não me acostumo, nós morávamos com uma comodidade total, tínhamos nossa casa, nossa moto, nosso Jeep, nosso Fusca.*

*Agora só conseguimos bancar o transporte público. É bom não ter tudo, visto que a gente aprende, mas... Eu não posso renunciar e ir embora, assumi esse projeto de vir trabalhar aqui e, no contrato, assinei a transferência por 4 anos.*

*Alex: Mas minhas possibilidades de trabalho são muito restritas, nem como garçom posso trabalhar, não posso fazer nada aqui. Estou atado de pés e mãos.*

*Rosemary: Eu sou a mais privilegiada, estou dentro de um círculo, mas eles não. Geralmente, quando vêm trabalhadores de fora, são homens, então, são as esposas as que sempre ficam na casa como donas de casa.*

*Alex: Eu trabalhei sempre na mesma empresa por 23 anos, e continuava trabalhando junto com os amigos, com esperança, lutando, para não perder a esperança, mas... a minha empresa também tinha filial no Brasil e não me transferiram.*

Defrontam-se com um entorno socioeconômico adverso e não sabem como se inserir no contexto social que os rodeia. Sentem ter perdido sua posição social, na Bolívia, e procuram recuperá-la, no Brasil. Esse movimento faz alusão às inscrições transubjetivas da família, ou seja, as inscrições familiares no entorno social. No entanto, isso se transforma em uma cilada para eles, porque, na medida em que tentam restaurar a perda social da Bolívia no Brasil, não o conseguirão, pois estão se esquecendo de que lidam com contextos socioculturais e político-econômicos diferentes. Primeiramente, seria importante que conseguissem aceitar que, por opção própria, decidiram abandonar a Bolívia e se mudar para o Brasil. Também por escolha familiar decidem vender tudo no país de origem, ficando sem nenhuma materialidade que os fixe e os prenda àquele país. Eles não têm conseguido elaborar internamente, nem intersubjetivamente, os movimentos e ações que perpetraram na realidade. Tanto no transubjetivo (no social) como no intersubjetivo (vincular) e no intrassubjetivo (intrapsíquico) não tramitaram a mudança, o que significaria realizar o luto pelo país deixado para trás. Ao vir ao Brasil, não conseguem se inserir na realidade social e econômica do país, pois não elaboraram afetivamente o abandono de sua inserção boliviana para situar-se em outro país. A situação econômica adversa também lhes tem dificultado a própria inserção social.

Por um lado, apontamos um processo emocional e afetivo que parece estagnado, sem possibilidades de que o consigam fazer, e, por outro, assinalamos uma situação econômica real à qual teriam que se adaptar, para sentir que fazem parte desse entorno social e cultural. Diante de todas essas dificuldades internas e externas, figura-se comprometida até a percepção da realidade e a possibilidade para com ela lidar, uma vez que só nas palavras de Rosemary, e não nas dos outros membros da família, aparece a preocupação por ganhar o sustento que lhes permita seu diário viver. A filha e o pai parecem omitir a realidade como tal, colocando-se, assim, subjetivamente na borda do social. Talvez a mesma exclusão social os mantenha transubjetivamente e intersubjetivamente à margem do entorno que os rodeia. O social os exclui e eles permanecem excluídos, não conseguindo modificar subjetivamente essa posição de exclusão. Pareceria que, para Alex e Marcela, o trabalho que providencie o sustento para o dia a dia não é algo que os preocupe, talvez porque deixam essa parcela da preocupação só nas mãos de Rosemary, contudo, dessa forma, eles se situam em uma posição de incapacidade para ganhar o próprio sustento.

*Rosemary: Na Bolívia tem empresas de aviação, e ele disse que queria vir comigo, nós nunca tínhamos nos separado, às vezes aqui ele fica alheio e sinto que não consigo encontrá-lo.*

*Alex: Mas eu estou aqui, certamente.*

*Terapeuta: A expatriação está sendo bem difícil para vocês, porque ainda não acharam o lugar de cada um aqui e estão sofrendo pelo que perderam lá. Vocês estão muito angustiados com toda essa situação de vida, acho que precisariam de uma ajuda profissional, ou seja, entrar em terapia para serem ajudados a elaborar as perdas e, assim, conseguir lidar com o presente da expatriação ao Brasil.*

*Marcela: Vocês tomaram a decisão de vir para o Brasil, nós não, nem perguntaram para a gente se queríamos vir estudar aqui; e agora, aqui, nem conseguem alugar um bom apartamento. Eu quero voltar, igual ao meu irmão.*

*Rosemary: Você é mulher, não é igual.*

*Marcela: Eu não queria vir aqui, ela [aponta acusatoriamente a mãe] tomou a decisão somente com meu pai.*

*Rosemary: Ela nos obriga, nos chantageia.*

*Marcela: Eu quero ir embora, quero voltar, quero que você me tire daqui. Tenho que fazer outra vez o que você quer! Três anos aqui no Brasil fazendo um curso que não gosto, alguma vez você vai me levar de volta? Nós fomos morar em La Paz por seu trabalho, depois Santa Cruz, tudo sempre depende de você e suas vontades. Você sempre tem que forçar tudo! [chora e fala alto]*

*Rosemary: Que vamos fazer, se eu não trabalho? Seu pai estava em um emprego sem receber salário.*

*Marcela: Mas não é você sempre a pessoa que tem que tomar as decisões por mim!*

Ficam aqui expostas as dificuldades vinculares na família, já que parecem não conseguir interagir e se olhar como sujeitos independentes, com desejos diferentes entre si. Aparece a dificuldade intersubjetiva para outorgar espaço aos afetos dos outros membros da família e a ouvir a posição do outro, ainda que esta seja diferente da própria, dar um espaço ao *"ajeno"*, daí a sensação de não serem escutados que revelam. Uma intensa angústia aparece permeando as relações familiares, por causa das dificuldades de comunicação que não conseguem resolver. Precisariam criar um espaço familiar com um lugar para as diferenças, dentro do qual a alteridade de cada um não implicasse uma afronta à única visão familiar autorizada.

As intervenções da psicóloga não estão sendo escutadas; talvez na medida em que o lugar da terapeuta seja o de um terceiro que intercede no discurso familiar fechado, este não pode ser ouvido. Os vínculos familiares pareceriam estar fechados a qualquer manifestação de um terceiro que os questione e lhes permita ampliar a visão do grupo familiar e de cada um de seus membros. A estrutura familiar inconsciente dessa família denota, por conseguinte, uma incapacidade de abertura ao social para seus membros, não cumprindo com a direção necessária a toda estrutura familiar: da natureza à cultura. Nessa família, não aparece a opção de inserção na cultura, no social, como uma possibilidade diferente que não corresponda apenas ao discurso familiar único.

*Rosemary: Se eles vão embora, a empresa não vai me dar mais ajuda de custo e não vou poder me sustentar. Nossos filhos têm 17 e 20 anos, ainda somos nós os que decidimos.*

*Terapeuta: Marcela está pedindo que você escute sua dor e que a leve em consideração.*

*Marcela: Eu posso ser responsável por mim mesma, por que vocês arruinaram minha vida? [Ela chora muito. Fico sem lenços para as* lágrimas deles e ela pega folhas de desenho]. Aqui não conheço ninguém, estou sozinha. E meu pai, você pensa nele? Ele fica o dia inteiro em casa, um dia ele vai explodir. Eu o vejo todos os dias fazendo nada.

Rosemary: Como podemos pensar em morar na Bolívia sem trabalho? Não podemos voltar.

Marcela: Qual é nosso futuro aqui? Ir para a Bolívia?

Rosemary: [olhando para mim] Ela é irresponsável.

Terapeuta: Acho muito importante que consigam escutar os pedidos de cada membro da família, para que cada um ache um lugar no qual possa se sentir com possibilidades para o futuro. Marcela está colocando situações de peso, acho importante você escutar o que ela diz.

Marcela: Eu gostaria de estudar arquitetura, mas não consigo fazer isso aqui, se a gente vai embora, eu posso estudar lá. Você não pode mudar minha vida. Você cortou laços com a Bolívia, nós tínhamos carro lá, tínhamos tudo e aqui não temos nada. Algum dia você vai dizer: vamos embora? Eles obrigaram a gente! E o que fizeram com meu irmão? Quem é responsável?

Rosemary: Você tinha um relacionamento com um moço na Bolívia que não fazia sentido.

Marcela: Você também faz com que papai não faça nada o dia inteiro, você só quer a gente do seu lado!

Rosemary: Todos nós estamos fazendo um sacrifício, eu também me sacrifico por vocês, eu trabalho por vocês.

Alex: Mas você reclama de tudo o tempo inteiro.

Terapeuta: Parece que a expatriação para o Brasil tem sido muito dura para todos vocês e talvez este seja um espaço para falar disso e compartilhar.

Começam a aparecer no discurso familiar cobranças antigas, que abrangem a história da família, escolhas anteriores, em que as opiniões de cada um deles não foram consideradas. Talvez a dificuldade que estão expondo frente à adaptação a terras brasileiras traga junto outros momentos vitais em que os pais tomaram decisões unilateralmente, sem ter em conta a opinião dos filhos. Aparece aqui uma falha no processo de mudança que arrasta mudanças anteriores não elaboradas e não faladas entre eles. Ao enfrentar uma exclusão social de grandes proporções, no Brasil, começam a enxergar e abrir o discurso familiar às várias histórias de falhas das mudanças familiares anteriores, em que o outro, diferente, não era considerado.

Defrontamo-nos com um paradoxo: por um lado, a família foi exposta a várias mudanças, mas, por outro, o discurso familiar parece não ter sido modificado pelas experiências vividas, porque se apresenta como fechado ao diferente e obstruindo a possibilidade de entrada do *"ajeno"*. Desenham-se então dois discursos: um que abrange o real que os circunda e apresenta modificações e câmbios; e outro que abarca a subjetividade familiar descrita a partir da estrutura familiar inconsciente, que aparece com imobilidade e imutabilidade frente ao devir do tempo e das situações. Entretanto, apesar das resistências familiares e da recusa familiar, que não lhes possibilita perceber conscientemente a mudança, a estrutura familiar inconsciente está sendo atingida pela experiência de expatriação, ainda que seja pelo fracasso dessa experiência. A denúncia de Marcela, no encontro terapêutico, tenta quebrar o discurso familiar fechado, na procura de introduzir um espaço terceiro que permita uma abertura e uma saída da submissão a uma só forma de pensar, como uma cosmovisão única que obstrui a entrada do novo.

*Rosemary: Primeiro, Alex foi embora e, agora, você quer ir embora? Não vai dar. Marcela não pode morar sozinha, meu filho é responsável, vou ser sincera, ele cumpre com o que promete, é obediente, mas ela não. Minha mãe não quer saber de ter que cuidar dela; onde ela vai morar na Bolívia?*

*Marcela: Eu sempre fui independente, tenho 20 anos, antes eu não estudava e paguei o preço por isso, mas depois você disse: "Vamos embora, ali vamos ter mais oportunidades". Mas nada disso é verdade! Eu tinha meu namorado lá.*

*Rosemary: Ela não é estável.*

*Terapeuta: Rosemary, eu acho que você não está escutando o que Marcela está dizendo. Cada um enxerga a realidade de um ângulo diferente, e todos têm que aprender a se escutar. Terão que fazer um esforço para se escutar, para conseguir resolver a vida de cada um e tentar levar em consideração cada um de vocês. Em qualquer idade as pessoas têm que ser levadas em conta e escutadas, sobretudo por sua família.*

*Rosemary: Ela namorava um moço e depois o deixou, muito melhor ter deixado ele.*

*Marcela: Melhor para você.*

*Rosemary: Ela assumiu vir aqui, se ela foi irresponsável, é o problema dela. Ela foi à Bolívia para se encontrar com ele, minha mãe disse que ela é rebelde e foi embora sem avisar. Como posso deixá-la ir sozinha para lá? A empresa proíbe aos expatriados voltar tão cedo para o país de origem e ela foi mesmo assim.*

*Marcela: A adaptação dos filhos não pode ser assim.*

*[Rosemary não está escutando Marcela].*

*Rosemary: Ela é um problema, ela me pediu por favor para ir embora, para não brigar com o namorado, e deixei-a ir embora, mas tinha que voltar. Eu não tenho forma de mantê-la lá na Bolívia.*

*Marcela: Se você não aceita que eu vá embora e também não aceita ir embora comigo, esqueça de mim!*

*Terapeuta: Parece que Marcela tem tomado uma posição muito dura para tentar fazer-se escutar. Rosemary, ela está pedindo para você levá-la em conta e você está perdendo essa oportunidade, na hora em que ela abre o coração.*

*Rosemary: Se ela continua com esse moço, e com as mesmas amigas, isso não é permanente, novamente vai ter mudanças. Ela se impõe, mas ela tem uma grande instabilidade, precisa de cuidados médicos, passou por cirurgias importantes quando era menina e eu tenho que cuidar dela. Ela está me chantageando, mas o que a empresa me dá não é suficiente para pagar a universidade dela.*

*Terapeuta: Está sendo difícil para vocês escutarem as diferenças que vocês têm, na forma de pensar, de agir e de ser. Cada um precisa ser escutado, para se sentir com um espaço para si, na família. Vocês se lançaram a uma expatriação com muito pouca informação, e isso não é por causa de um ou outro, é uma forma de agir de todos, no núcleo familiar. Agora que estão aqui, vão ter que ver como lidam com isso e conseguem tolerar o desengano e a desilusão com a expatriação. Se vocês conseguissem se ouvir, poderiam se sobrepor à situação atual, superá-la como um obstáculo e crescer para o futuro. Acho, Rosemary, que está sendo muito difícil para você escutar a decepção de sua filha e de seu marido, mas só compartilhando as dores pela frustração e a desilusão vão poder progredir para a frente. Por tudo isso, fazer terapia ajudaria vocês a elaborar a situação e aliviar a angústia que os invade. Eu posso orientar vocês a acharem um lugar onde sejam atendidos profissionalmente.*

A família acusa a empresa de não lhe dar suficientes recursos para morar no Brasil, critica os funcionários de recursos humanos por não os ter ajudado em tudo do que eles, como família, precisariam. Todavia, eles não conseguem se fazer donos da própria expatriação e da forma como escolheram fazê-la, como uma escolha vincular peculiar adotada por todos como família. Aceitam a expatriação em total desconhecimento inconsciente de que estavam mudando de país, desconhecendo as diferenças existentes entre um país e outro. Eles vêm ao Brasil aguardando achar aqui os mesmos parâmetros culturais conhecidos da Bolívia, e a realidade os faz deparar com a interculturalidade. Em terras brasileiras, continuam negando e anulando essas diferenças. Essa família utiliza como mecanismo de defesa a renegação a respeito da mudança de país, como forma de anular uma realidade diferente da que eles imaginam e que, por isso, se torna intolerável intersubjetivamente. O conteúdo da renegação pode referir-se a elementos inconscientes que não conseguem apreender ou à situação política desfavorável que não pode ser colocada em palavras. Essas hipóteses ficam em aberto, sem resposta. Como consequência disso, a família não está conseguindo adaptar-se e modificar-se subjetivamente frente à mudança, parecendo fracassar na elaboração desse processo.

Parecem não perceber que a escolha da mudança é deles e tentam fazer a mudança coexistir com aqueles parâmetros conhecidos que trazem do país de origem, não conseguindo dessa forma propiciar a mudança nem compreendê-la, e sim negá-la e recusá--la. A família estaria estruturada em torno da renegação, não habilitando a mudança, porém perpetuando uma estrutura antiga em um cenário novo, o qual não podem suportar. A estrutura familiar inconsciente resiste a ser modificada e perpetua um modo de vinculação que não inclui nenhuma alteração nem mudança. Essa família não consegue evoluir em função da interculturalidade, já que seus membros não conseguem realizar trocas entre as culturas dentro deles ou nos relacionamentos que estabelecem. Talvez pudéssemos dizer que estamos diante de uma grande resistência transubjetiva, intersubjetiva e intrassubjetiva a aceitar as mudanças e a conseguir complexar a própria subjetividade em função da interculturalidade.

## Caso clínico 3

Família formada pelo pai, Marcos, de 30 anos, funcionário expatriado, Elizabeth, a esposa de 28 anos, as filhas do primeiro matrimônio de Marcos – Andrea, de 6 anos, e Maria Jesus, de 5 anos –, a filha do atual casamento, Eli, de 3 anos, e Josefina (avó, mãe de Marcos). Essa família vem da Bolívia, na sua primeira expatriação, estando no Brasil há oito meses.

*Marcos: Os primeiros seis meses foram difíceis para minha família, a cultura brasileira é bem diferente da boliviana. Foi bem difícil no início.*

*Elizabeth: Para mim foi bem complicado vir para aqui, já que na Bolívia eu trabalhava e estudava na universidade, foi uma mudança abismal. No Brasil, moramos num apartamento, lá morávamos em uma casa com quintal; aqui, ando a pé, na Bolívia, tinha meu carro. Eli, a pequena, sofreu por causa da língua, mas agora tudo está mais tranquilo. Ao nos mudar para o Brasil, minha sogra veio morar junto conosco, assim como as meninas mais velhas, que na Bolívia moravam com a avó. Aqui é perigoso sair na rua, eu quase não saio, tenho medo que me atropelem. Em Santa Cruz, eu ia ao parque com elas, aqui não saio. No início do colégio, no Brasil, as meninas ficavam presas a mim, mas agora não. Em quinze ou vinte dias, a gente viu a mudança, as meninas mais velhas já não sentem tantas saudades, acho que agora sou eu a que tenho que me acostumar às mudanças.*

*Elas já falam português, porque aprenderam na escola, eu não falo tão bem assim. Em Santa Cruz, nós não morávamos todos juntos.*

*Marcos: Ao ter as três meninas juntas, fica mais difícil cuidar delas.*

Desde o início, Elizabeth fala das dificuldades levantadas pela expatriação, nomeando a mudança como abismal. No dicionário, esse adjetivo refere-se a uma distância intransponível, desenha um abismo no meio de dois territórios, insondável, que não se consegue alcançar e que dá pavor. Ela descreve assim como se sente, ao ter perdido as referências do mundo externo deixado para trás, na Bolívia. Concebe o morar no Brasil como estar em um espaço reduzido, altamente perigoso e no qual eles não conseguem se inserir e se sentem presos no apartamento onde moram. Elizabeth continua relatando como, no país de origem, tinham mobilidade, podiam se deslocar livremente, se apropriar de diferentes espaços nos quais circulavam e tinham independência. Aqui no Brasil isso parece ter se perdido; ela relata o sentimento de estar sendo atropelada, sem ter os códigos compartilhados para se expressar, sem um núcleo de pessoas de referência e muito sozinhos. Vemos como a fala de Elizabeth refere-se a si mesma, mas, ao mesmo tempo, remete a toda a família em face da mudança de país. A possibilidade de tecer a interculturalidade, no seio da família, aparece até aqui como um abismo, como um espaço intransponível entre ambas as culturas.

*Elizabeth: Na Bolívia, a avó sempre estava junto com as duas meninas mais velhas, que moravam na casa dela, porém, ao vir ao Brasil, decidimos não separá-las e trazer todo mundo junto para aqui. Agora que estão as três irmãs juntas, brigam o tempo todo.*

*Antes, na nossa casa, Eli estava sozinha e não tinha com quem brigar; no entanto, agora que tem que dividir o espaço do apartamento, vive chorando por causa das brigas entre irmãs.*

*Josefina: Aqui e lá sempre é igual, elas sempre vão brigar.*

*Marcos: Ao vir para o Brasil, Elizabeth perguntou por que o sogro não vinha junto com a gente, mas essa foi uma decisão de minha mãe. Ela veio para cuidar das netas e para que Elizabeth possa ir à universidade, se quiser. Por outro lado, Elizabeth nunca teve muito contato com Andrea e Maria Jesus, elas foram criadas pela avó.*

Descrevem uma nova conformação familiar adaptada à experiência de expatriação. É como se não conseguissem se escutar, já que cada um relata como vivencia a situação, sem considerar como o outro se sente. Elizabeth fala da solidão, Marcos parece não dar crédito às possibilidades de sua atual esposa para se desenvolver como mãe das três filhas dele e não consegue ouvir a solidão e desamparo que ela transmite, enquanto a avó só transmite uma posição negativa e desencorajadora, porque parece não acreditar que essa nova família possa tecer laços fortes entre si. Essa fala denota uma situação vincular em que estão juntos mas sós ao mesmo tempo, visto que os discursos parecem não se entrecruzar para serem ouvidos; estamos em face de um discurso em que vários monólogos se unem, sem conseguir se encontrar como diálogo, permanecendo como monólogos coletivos.

Essa nova conformação familiar fica como incógnita. Na Bolívia, moravam separados e, na possibilidade da viagem, o que faria com que morassem a uma distância maior, decidem modificar a família. O objetivo manifesto é juntar no mesmo espaço de moradia as três filhas de Marcos, ainda que elas já morassem separadas. No entanto, desmontam laços estabelecidos na Bolívia: os avós morando com as filhas dele e a filha do primeiro casamento de Marcos, para construir uma nova família, na qual convivem três gerações. Não fica claro qual é o objetivo de quebrar outras conformações familiares para construir a família que vem ao Brasil. Talvez a angústia de separação, frente à expatriação de Marcos, fez com que se constituísse essa atual família, para tentar anular a distância com ele. Será que essa nova família surge para contrariar a separação familiar? Fica em aberto a pergunta sobre o que eles procuram com esses movimentos.

Apresentam-se nessa nova família, no Brasil, a proximidade e o convívio das três gerações, o que gera brigas entre eles. Esse movimento denota uma falha, já que tentaram unir mas acabam brigando por causa dessa união.

*Elizabeth: Outro dia acordei e não achava a Eli, e entrei em desespero procurando-a. A achei com a avó e me disse que, a partir de agora, a avó era sua nova mamãe.*

*Marcos: Eu expliquei a Eli que minha mãe era a avó dela e eu era seu pai e Elizabeth sua mãe.*

*Elizabeth: Como as meninas mais velhas chamam a avó de mamãe e, nesse momento, Eli não estava me vendo, ela chamou a avó de mamãe. Ela também perguntava pelo pai; talvez estivesse confusa, porque é a mais nova.*

*Marcos: A mãe de Andrea e Maria Jesus está na Espanha.*

*Elizabeth: Eu jamais tinha pensado em sair de meu país.*

*Marcos: Na Bolívia, nós morávamos com meus pais, até Eli nascer; nesse momento, fomos morar os três juntos: eu, Elizabeth e Eli. No Brasil, juntamo-nos e moramos os seis juntos.*

*[As filhas estão desenhando à mesa e, nesse momento, Andrea mostra o desenho que fez da família (Figura 6.5).]*

*Figura 6.5 Desenho da família feito por Andrea em folha grande, com muitas cores.*

Terapeuta: *Então, ao vir ao Brasil, vocês mudam de país, de formato familiar e de forma de vida. Quantas mudanças juntas! Como Andrea está desenhando a família com um novo formato, acho que da mesma maneira vocês vão ter de se acomodar. Talvez isso também confunda, porque parecem não saber quem é a mãe, quem é a avó e quem é o pai.*

*[Nesse momento, Andrea vira o desenho da família e mostra o desenho que fez no verso (Figura 6.6)]*

Terapeuta: *Quantas perguntas a serem respondidas! Nesse desenho, Andrea faz um rosto com formato de coração, mas com dentes e com olhos esquivos, que não olham de frente. Parece juntar no desenho as perguntas, as brigas, o amor, tudo no mesmo desenho, assim como vocês sentem todos esses afetos ao mesmo tempo, entre vocês. Na frente da folha está a família reunida, mas, no verso, aparecem os dentes, escondidos na parte de trás da folha. É difícil falar da brigas abertamente.*

*Figura 6.6 Desenho de Andrea no verso do desenho anterior.*

A nova família parece gerar confusão, e as denominações dos lugares parentais surgem trocados e perdidos. Talvez tragam à tona marcas da história anterior, a qual se atualiza na mudança e nos novos intercâmbios que o novo desenho de moradia representa para eles. Delineiam diferentes formas de morar e vínculos anteriores que ficaram separados, como situações de conflito atualizadas no aqui e agora, já que carregam aquelas marcas de conflito. Andrea e Maria Jesus não moram com sua mãe, como Eli, mas parecem perder Eli como irmã na presença da avó, que é chamada de mãe. Marcos, no lugar de pai, não consegue ordenar essa família, estabelecendo espaços diferenciados e lugares a serem ocupados e sustentados. Elizabeth perde seu lugar de mãe diante de uma avó que o usurpa, no mesmo momento em que a mãe de Andrea e Maria Jesus também parece perdê-lo. Pode ser que eles carreguem a fantasia de que a mudança poderia obliterar o conflito familiar que portavam, nesses lugares familiares confusos, e resolvê-lo, vindo a outro país e modificando essas marcas anteriores. Contudo, somente a troca de lugar de moradia não modifica os vínculos e os sujeitos que dele fazem parte. Os sujeitos precisam se modificar e mudar o modo de se vincular e, dessa forma, elaborar conflitos anteriores.

*Marcos:* Quando me convidaram a vir para o Brasil, senti que era uma grande oportunidade, então decidi arriscar e aceitar o desafio. Acho que a mudança vai nos fazer enriquecer como pessoas, conhecer outra cultura e outra língua. Na Bolívia, estamos vivendo um momento político muito especial e o Brasil é um país imenso, economicamente forte, e que oferece muitas oportunidades; considero a expatriação como um desafio para conhecer e experimentar. Na época, lembro que conversei com a família, para ver se queriam conhecer outro país, e ficamos atraídos pela ideia e pela oportunidade que a empresa me oferecia.

*Eli [dirigindo-se ao pai]:* Obrigado, papai.

*Elizabeth:* É difícil para Eli falar, ela sempre foi muito mimada, todo mundo sempre indicava que ela era mais nova. Agora, acho que ela se confunde com a língua, mas entende.

*[Eli mostra o desenho (Figura 6.7) que ela fez. As irmãs o pegam e começam a brincar, brincando de adivinhar palavras, escrevendo em cima do desenho de Eli, em três fileiras com o nome de cada uma delas, marcando cada acerto e cada erro, na brincadeira entre elas.]*

*Andrea:* Eu sou Andrea e ela é Maria Jesus.

*Eli:* Eli.

*Andrea:* Eu gosto de viver aqui. Posso ir passear, andar de skate, vamos com Maria Jesus.

*Josefina [dirigindo-se a Maria Jesus]:* Fala, bebê, ela não fala muito, é um pouco especial *[Maria Jesus fica calada].*

*Elizabeth:* Quando ela está sozinha, ela fala, tem que ficar só com ela.

Transmitem mensagens contraditórias ao referir-se às formas de comunicação e às linguagens usadas. Elizabeth e Josefina situam, nas filhas menores, as dificuldades para fazer-se entender, sem levar em consideração que tanto falando, como Eli, quanto calando, como Maria Jesus, elas interatuam, desenham, brincam e se comunicam. Os adultos parecem ser aqueles mais atingidos pelas dificuldades para se fazer entender e isto é projetado nas filhas mais novas. Talvez isso denote o desamparo que sentem como núcleo familiar frente à perda dos referentes do contexto social que, por momentos, vivem como intransponíveis, mas que depois começam a sentir que conseguem superar e adaptar-se.

*Figura 6.7 Brincadeiras das meninas no desenho de Eli.*

Pareciam estar discutindo sobre a interculturalidade, já que, além da língua, estão discutindo sobre a possibilidade de estabelecer diálogos que conectem as duas culturas neles, conseguindo somar e não subtrair, abrangendo assim a inserção cultural. Eli poderia ter se sentido invadida pelas irmãs que tomam conta de sua folha e do desenho dela, porém, ao contrário, as três fazem brincadeiras nas quais se incluem e interagem todas. As resistências a misturar-se e interatuar parecem mais centradas nos adultos que não conseguem se comunicar e vincular tanto entre eles quanto com o mundo exterior.

*Marcos: Tem sido difícil para elas, às vezes minha casa parece um manicômio e eu não aguento nem cinco minutos lá. Com a mudança, o que mais se modificou é a língua, que é uma grande barreira para a comunicação, elas não podem falar nem com os vizinhos. A qualidade de vida tem diminuído aqui, já que elas não saem à rua. Na Bolívia, morávamos a quinze minutos do escritório, eu sempre almoçava em casa ao meio-dia, com a família, depois tirava um cochilo e às 14h30 tomava banho e saía fresquinho para trabalhar de novo. Lá tinha ânimo para estudar, jogar futebol e trabalhar; aqui saio às 13h, em um elevador apertado como lata de sardinhas para almoçar no centro e volto para casa à noite, muito cansado, o tempo é curto para ficar com a família. Em resumo, temos menos qualidade de vida. Eu tenho dificuldade para aceitar o ritmo acelerado de trabalho das grandes cidades, aqui todo mundo mora longe; lá na Bolívia, até nas cidades grandes, as pessoas têm qualidade de vida.*

*Elizabeth: A gente nem andava muito lá, só um pouquinho no quarteirão. Aqui tudo é longe, sempre tem que andar muito, e eu não consigo carregar Eli nos braços, que já pesa 22 quilos. Por isso, não posso sair com ela, mas as outras duas meninas são mais valentes e andam.*

*Marcos: Lá nós tínhamos mais mobilidade para nos trasladar, e os custos eram bem mais baixos. Tínhamos uma van e era bem barato tê-la.*

*Elizabeth: Você pode comprar um zero quilômetro por um bom preço lá.*

*Marcos: Lá tudo é mais barato, alimentos, carros, moradia etc.*

*Elizabeth: Tínhamos um gato, um cachorro e um louro.*

*Marcos: Aqui mudamos para morar em um apartamento pequeno como uma caixa de fósforos.*

*Elizabeth: Temos pouco espaço. Eli sente a falta do pai, que vinha em casa para almoçar. Aqui o pai fica muito grudado com Maria Jesus, isso é automático.*

*Josefina: Elas não ficavam com o pai delas lá, o pai só vinha visitá-las e ia embora, elas sempre foram mais grudadas em mim. Eli é mais a pequena da mãe, Maria Jesus é a pequena do pai.*

*Marcos: Eu viajo muito a trabalho [Maria Jesus se senta no colo do pai], sempre trabalhei em campo, o que me mantinha longe, por isso estou pouco com as meninas; quando minha primeira filha nasceu, eu estava no campo, quando nasceu Elizinha, eu cheguei 24 horas depois. Não estou acostumado a estar com todo mundo junto.*

Descrevem as distâncias entre os membros da família, do ponto de vista objetivo e subjetivo. Embora apresentem a cidade de origem como um lugar no qual tinham mais tempo para se encontrar, isso nem sempre acontecia. Marcos diz que lá tinha tempo para tudo, mas não estava presente para usufruir desse tempo. Parece que, embora tendo a oportunidade para estar juntos, não conseguiam fazê-lo. A avó denuncia um pai falho, que só via as filhas por um curto período, enquanto Marcos descreve-se como estando sempre longe, "em campo", como espaço restrito só a ele, o qual as mulheres da família não conseguiam acessar. Aceitam participar da expatriação como uma oportunidade, talvez para se aproximar, como uma tentativa de sair de um modelo de relacionamento distante. Por outro lado, quando se aproximam muito, na convivência, o espaço familiar vira um "manicômio", no qual não aguenta nem cinco minutos. A tentativa de juntar-se em um espaço compartilhado falha, já que subjetivamente isso se torna intolerável; a proximidade entre eles, situação que permitiria trocas familiares, os sufoca, e não encontram, na família, espaço para cada um. Denotam uma estrutura familiar inconsciente: em que pese as mudanças no exterior, não têm conseguido se modificar subjetivamente, sustentando-se com a mesma estrutura, com intolerância para aceitar a diversidade dos sujeitos que a compõem. Tentam se estruturar como uma família em arco-íris ou reconstituída, a partir de um segundo matrimônio, mas vincularmente e subjetivamente isso não se sustenta. Se a expatriação tinha por propósito constituí-los como família ampliada, isso acontece; todavia, revela as brigas fazendo parte do acontecer intersubjetivo familiar, como uma outra interação da que eles fantasiavam.

*Elizabeth: Os avós maternos dela sempre estavam por perto lá.*

*Marcos: Eli é muito mimada. Na Bolívia, nós nem tomávamos conta delas, agora houve uma grande mudança e temos que educá-las. Agora que estamos perto, o comportamento delas melhorou. Outro dia, Eli disse: "Não, pai"; falou em português para mim, antes ela não fazia isso, está crescendo e mudando.*

*Elizabeth: A questão dos avós é uma questão cultural. Os bolivianos geralmente vivem na casa de seus pais, são muito "mameros".*[5] *As casas são grandes lá. Não cortamos cedo o cordão umbilical; só mais tarde. Eu sinto saudades da minha gente, dos meus amigos.*

---

5   Gíria em espanhol com a raiz "mamá", que assinala o "grude" com as mães.

*As pessoas aqui são amáveis, mas são fechadas, não fazem amizade facilmente.*

*Terapeuta: Estão falando de como é difícil cortar os laços com as famílias de origem, talvez isso esteja impedindo vocês de se aproximar de outras pessoas que não são os conhecidos de sempre da Bolívia. Aqui trazem a família inteira para não sentir a distância entre vocês, já que se descrevem como "mameros", mas surgem as brigas. Quantas mudanças, de país, de formato familiar, de conhecidos!*

*[Andrea mostra seu desenho (Figura 6.8) e diz que é ela, no Brasil. Depois, exibe o verso da folha (Figura 6.9), no qual aparece um coração sorridente olhando de lado, e a Figura 6.10, onde desenha o pai trabalhando sozinho em seu escritório.]*

*Terapeuta: Andrea sempre complementa o que os adultos dizem com seus desenhos. Aqui vejo uma menina do lado de uma caixa de correio, ela está esperando uma carta?*

*Andrea: Sim, de algum país longe.*

*Terapeuta: Do lado da caixa de correio está a lava-roupas que vocês têm que compartilhar aqui no Brasil, para lavar as roupas de todos em uma mesma máquina. No entanto, parece que, falando de tudo isso, as relações entre vocês ficam mais leves, porque, na Figura 6.9, aparece um coração que já não tem dentes, como o anterior, e sim tem um sorriso para compartilhar. No desenho da Figura 6.10, o pai está sozinho trabalhando em outro espaço, que seria o espaço de trabalho dele.*

*Andrea: Verdade.*

*Figura 6.8 Desenho de Andrea em folha pequena (no original, só a menina é colorida, o restante do desenho é feito em preto).*

*Figura 6.9 Desenho de Andrea no verso do desenho anterior.*

*Figura 6.10 Desenho de Andrea em folha pequena, colorido.*

*Marcos: Em nosso condomínio tem um monte de pessoas e nin-guém se conhece. Como os brasileiros não gostam de se misturar, a gente se junta com sete famílias de bolivianos e sempre saímos juntos.*

*Elizabeth: Para mim, seria bom conversar com os vizinhos, mas nem sei quem mora na frente de meu apartamento.*

*Marcos: Falta mais fraternidade aqui. Quando os bolivianos vão de visita à Bolívia, não querem voltar, já que sentem saudades. Em Santa Cruz, focamos nas relações pessoais, somos integradores, mas não nos metemos na vida do outro.*

*Elizabeth: Aqui, quando temos algum aniversário, eu vou, mas fico sozinha.*

*Terapeuta: Parece que vocês estão sentindo as perdas dos laços de lá, sobretudo os adultos da família. Mas por que você fica só?*

*Marcos: O que você quer?*

*Elizabeth: Eu não quero ficar sozinha.*

*Josefina: Eu já me acostumei a viver sem amizades. As pessoas não são amigáveis.*

*Elizabeth: Quando vou à piscina, tento praticar o português, mas entro em desespero. No telefone, é bem difícil me fazer entender. Preciso continuar com minhas aulas de português.*

*Terapeuta: Elizabeth está compartilhando com vocês a dor que sente e como ela está sofrendo. É bom falar das coisas que doem, para que os outros entendam e possam ajudar.*

Morar no Brasil oferece aos pais a possibilidade de se instalar no lugar parental e "educar" as filhas, mas isso parece difícil de levar para a frente, pois Marcos e Elizabeth se sentem sumamente fragilizados pela solidão e pela falta dos referentes do contexto sociocultural da Bolívia. Elizabeth fala de como sente falta do apoio dos pais dela, ao passo que Marcos traz ao Brasil a sua mãe, perpetuando assim seu lugar de filho. A despeito de Elizabeth expor sua dor e solidão, os outros parecem não a escutar, porém, não conseguem apoiá-la para ajudá-la a assumir seu lugar de mãe e esposa. Ela faz um pedido de ajuda que não é escutado dentro da família. Se Marcos assumisse a função paterna, isso alavancaria o processo de constituição familiar, para permitir o desprendimento dos vínculos que os colocam no lugar de filhos-crianças, para se colocar no lugar adulto de pais cuidadores de suas filhas. Os desenhos das filhas mostram com clareza como elas visualizam a atual situação familiar, na qual buscam conseguir integrar "a caixa de correio com a lava-roupas", ou seja, a história anterior com a história atual, mas tendo em consideração a nova família de seis membros.

*Josefina: Uma boa professora ensina e explica para você entender.*

*Elizabeth: Comunicar-me está sendo difícil. Como tem muitos perigos na rua, é importante conseguir falar e se fazer entender.*

*Josefina: Aqui não integram os outros, nem para sair para fazer compras você consegue se fazer entender.*

*Elizabeth: Nós procuramos fazer amizades. Eu liguei para a esposa do chefe dele, mas ter três filhas torna tudo mais difícil ainda.*

*Terapeuta: Elizabeth, você repete muito o quanto é difícil para você esta situação de mudança. Esta tem sido a primeira experiência que vocês têm, morando todos juntos com as três filhas e a mãe de Marcos. Estão se adaptando a muitas mudanças juntas. Quase poderíamos dizer que estão formando uma nova família de seis integrantes. Como tem sido essa adaptação?*

*Marcos: Maria Jesus não obedece muito.*

*Josefina: Ela nasceu pequenininha com sete meses e ficou três meses na incubadora. Não sei bem como devo lidar com ela, já que é muito manhosa [nesse momento, Maria Jesus senta-se ao lado da irmã Andrea e mostra seu desenho, sem falar dele (Figura 6.11)].*

*Terapeuta: Que bonito desenho, Maria Jesus, vejo você, uma mesa com muitas cadeiras coloridas e do lado uma outra cadeira que parece ter uma menina pintada de preto meio escondida. Será que essa é você também? Parece uma Maria Jesus que se mostra e outra que fica excluída da mesa grande da família e escondida. [Dirigindo-se à família toda:] E a mãe de Maria Jesus e Andrea?*

*Josefina: Eu não sou a mãe.*

*Figura 6.11 Desenho de Maria Jesus em folha pequena, colorido.*

Marcos: *Quando Maria Jesus nasceu, nós tivemos problemas, ela ficou três meses na incubadora, depois que a gente se separou, elas viveram uns meses com a mãe. Depois minha sogra, minha ex-sogra, pediu que tomássemos conta das meninas; e, como eu trabalho muito, elas foram morar com minha mãe. Maria Jesus foi prematura, pesava 1 quilo quando nasceu, tivemos muito trabalho para cuidar dela. Ela ficou sendo a pequenina.*

Elizabeth: *Ela é alérgica a lactose.*

Marcos: *Eu tenho alergias na minha pele, sou sensível e ela também, desde pequena, alergia a lactose, coçava o corpo todo dela. [Eli separa as irmãs e fica entre as duas.] Por isso ela é a mimosa da casa.*

Josefina: *Se você bate nela, não responde, fica quieta o tempo inteiro. Elas são minhas netas, eu gosto delas; eu vim aqui por elas, até deixei minha filha sozinha na Bolívia, estudando na universidade.*

*Terapeuta: Difícil para a avó também. Andrea e Maria Jesus, vocês têm contato com a sua mãe?*

*Marcos: Pouco contato, não gostam de falar no telefone.*

*Josefina: Maria Jesus sente saudades da mãe, ela me pergunta quando vamos voltar.*

*Elizabeth: Ela era muito pequena quando foi morar com a avó, até os colegas de aula perguntavam por sua mãe, se ela tinha mãe, pois nomeava a avó como mãe.*

*Josefina: Talvez seja bom cortar a comunicação delas com a mãe, já que ela liga e as meninas não querem falar com ela, elas querem que venha, querem vê-la.*

*Terapeuta: É muito importante que elas se relacionem com a mãe. Algumas das condutas delas talvez denotem a falta que sentem da mãe. Andrea desenhou a si mesma ao lado de uma caixa de correio, talvez aguardando notícias da mãe que está longe. Maria Jesus não fala, talvez porque sinta que não vão poder nem escutar, nem responder suas perguntas; parece ter medo de perguntar. Ela não sabe e gostaria de saber, mas não consegue pôr suas questões em aberto. Por isso, no desenho, Maria Jesus aparece, por um lado, claramente desenhada e, por outro, escondida nas sombras. As crianças, por meio das condutas, expressam o que sentem, porque, às vezes, não conseguem dizer o que sentem com palavras.*

Por meio dos relatos, colocam Maria Jesus no lugar de depositária da doença na família, de forma a não fazer circular pelos vínculos familiares aquilo que ela carrega intrassubjetivamente. Por um lado, enfatizam a importância da união familiar, mas também mencionam a separação parental muito precoce, a avó materna que manda embora as netas, duas filhas que passam de morar com os pais a morar com a avó materna, com a avó paterna e, agora, com a família de três gerações, no Brasil, o que mostra uma falta de apoio e acolhimento para elas. Essa falta de permanência na moradia das filhas contradiz o perfil de família integradora que eles trazem no início, já que se apresenta, assim, uma família que desintegra.

A questão que também circula no encontro familiar tem a ver com: quem é a mãe e quem é nomeada como tal, e como se ocupa esse lugar? É a avó, que agora mora com as três netas? É Elizabeth, atual esposa de Marcos? Talvez isso denuncie uma função materna falha dentro da família, de sorte que escolhem Maria Jesus para ser depositária dessa dor.

Descrevem Maria Jesus em um lugar de fragilidade; contudo, em seus desenhos, ela evidencia uma boa integração corporal, faz desenhos coloridos, brinca com as irmãs em um bom relacionamento, o que a afasta desse lugar de doente. A família, nos vínculos entre si, a faz depositária da dor familiar que circula pela falha na função materna. Se a falha fica na fragilidade de Maria Jesus, eles não têm que tomar conta da falta de função materna que circula entre eles. Porém, ainda que de maneira silenciosa, ela se defende desse lugar, refugiando-se no vínculo com as irmãs e com o pai, conseguindo se constituir subjetivamente.

*Josefina: Elas foram à escola nova e na primeira semana foram bem, depois começaram a chorar e eu também chorava na porta da escola. Um dia, a professora fechou a porta e deixou-as dentro da escola. Eu fiquei triste do lado de fora, já que não podia me comunicar com elas.*

*Elizabeth: Eu expliquei para Eli que ela e eu íamos nos separar, para que compreendesse que tinha que ficar na escola.*

*Josefina: Eu as educo de uma forma e Elizabeth educa de outra. Eu digo que a manteiga tem que estar fora da geladeira para não fazer que elas fiquem doentes, quando colocam a manteiga fria sobre o pão, e Elizabeth não concorda com isso. Temos costumes muito diferentes. São duas formas de educar dentro da mesma casa.*

*[Andrea e Maria Jesus pedem para ir ao banheiro e a avó as acompanha.]*

*Elizabeth [quando elas não estão]: É muito difícil a convivência com minha sogra, no Brasil. [Voltam.]*

*Marcos: Nós trouxemos minha mãe para que cuide das meninas mais velhas, mas ela não quer sair de casa e fica trancada, por medo, parece só uma babá. Nós saímos na rua e minha mamãe fica em casa, não quer sair. Por mim, eu contratava uma babá para cuidar das mais velhas.*

*Josefina: Babá não, elas ficam comigo. As mulheres que têm filhos não precisam sair na rua.*

*Terapeuta: Vocês têm três gerações em casa, com formas diferentes de olhar para a vida e de educar. Você, Marcos, decidiu juntar a sua família, pois é o pai da família. Talvez todos estejam aguardando que Marcos indique quais são as normas a seguir, na casa e na família atual. Isso deixaria mais delimitados os direitos e possibilidades de cada uma, e ordenaria melhor a convivência em casa, ainda quando Marcos esteja viajando a trabalho. Mudar de país é difícil, visto que as pessoas perdem as referências conhecidas da cidade em que viviam, e vocês acrescentam a essa situação o fato de terem juntado três gerações da família para formar uma nova. Seria bom vocês acharem uma forma de se estruturar como família de convívio, para aproveitar a expatriação e conhecer o novo país.*

*[Quando eles foram embora, tive que pôr o consultório em ordem, porque as crianças tinham espalhado os materiais de desenho*

*por toda a sala. Foi muito cansativo atendê-los, já que demandavam muita atenção. Uma semana depois, Elizabeth enviou um e-mail relatando que precisava de ajuda, uma vez que a situação familiar estava muito difícil para ela e queria fazer uma consulta psicológica. Encaminhei-a para uma analista que falava espanhol, mas ela não compareceu. Não tive mais notícias deles.]*

Apareceram aqui explicitadas as diferentes linhas de criação que coexistem dentro da família atual, com maneiras de educar que entram em conflito. Transmitem a fantasia que desperta a mudança temporária para eles: a de conseguir unir-se como família. Todavia, isso não parece ter sido possível intersubjetivamente, nos vínculos familiares. A estrutura familiar inconsciente não foi se adaptando aos vínculos atuais, permitindo que os relacionamentos se enriquecessem e ficassem mais complexos. Ao se reunir, despertam-se fantasias de loucura e asfixia entre eles, por isso, ficam estagnados na situação de família anterior que tinham na Bolívia.

Também não têm conseguido atingir a dimensão intercultural, já que sentem que a brecha entre as duas culturas é intransponível. Só enxergam a cultura brasileira do lugar de estrangeiro, não conseguindo deixar que interatuem intersubjetivamente as duas culturas. Mas, apesar das dificuldades para abrir-se à nova cultura, podem pedir ajuda, podem expor as dificuldades às quais se veem expostos e compartilhar dessas dificuldades, dentro do novo núcleo familiar. As filhas aparecem como aquelas que conseguem vincular-se e começar a desenhar essa nova família, na qual as três fazem parte do lugar filial que lhes pertence. Esses fatores fazem pensar que, com um pouco de ajuda, eles conseguiriam evoluir e abrir-se tanto à nova conformação familiar quanto à cultura do país de acolhida, para integrá-la à cultura do país de origem, ampliando, assim, a interculturalidade.

# Caso clínico 4

Família formada pelo pai, Ernesto, de 36 anos, Mary, a esposa, de 34, o filho Erne, de 8 anos, e Brenda, de 6 meses (que não comparece). Essa família vem da Venezuela para o Rio de Janeiro, em sua primeira expatriação, fazendo três meses que estão no Brasil.

*[Erne só fala em português].*

*Terapeuta: Erne, você só fala português? E seu espanhol, o que aconteceu?*

*Ernesto: Ele é o que mais sabe português, pede todas as coisas pelo telefone para a gente, até fala português quando os avós ligam.*

*Erne [desenha com caneta figuras sozinhas, depois as rabisca todas, também palavras que não se entendem (Figura 6.12)]: Eu gosto do português.*

Desde o início, defrontamo-nos com um paradoxo dentro do seio familiar, o qual é encenado por meio da questão da língua. A língua inscreve os sujeitos em um espaço social, permitindo-lhes expressarem-se, trocar com outros e compartilhar ideias e afetos. A língua marca um lugar de pertencimento a uma determinada cultura, a uma terra e a um povo. Mas, nessa família, o filho só fala português, a língua do Brasil, país de acolhida que não é a terra de origem, e os pais falam a língua materna do país de origem. Dessa maneira, aparecem na família duas línguas faladas pelos diferentes membros, dentro do mesmo vínculo. Isso abre várias questões para serem pensadas, já que aparece um filho falando português e uns pais falando espanhol. Esse paradoxo denota uma cisão, que permanece oculta, mas é denunciada no convívio das duas línguas dentro da mesma família.

Erne desenha figuras sozinhas e palavras incompreensíveis, que depois rabisca e esconde atrás das linhas. Algo fica velado nos desenhos do filho e no discurso familiar.

*Mary: Nós ainda estamos desarrumando as malas. Aqui as pessoas têm sido muito acolhedoras conosco, na primeira semana foi difícil, mas depois... é só atravessar o túnel e já estou no Barra Shopping.*

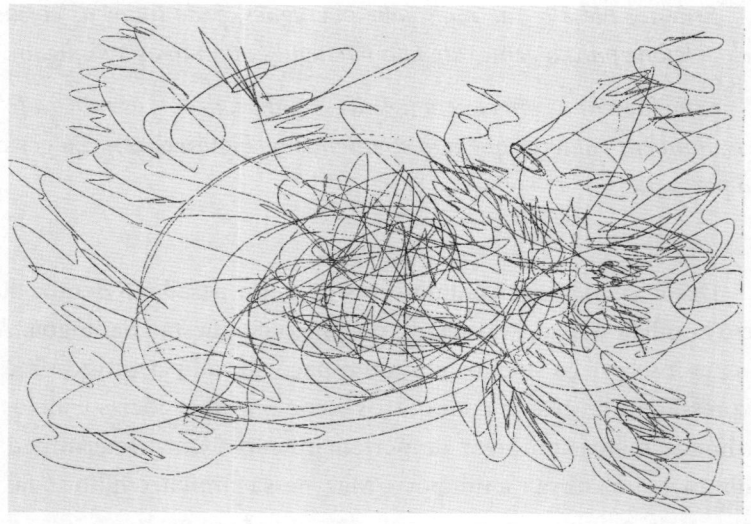

*Figura 6.12 Desenho de Erne em folha pequena.*

*Ernesto: Isso é perigoso! É como dar uma navalha a um macaco.*

*Mary: A única que não compareceu hoje é Brenda, ela veio de avião para Brasil com 3 meses, agora está com 6 meses.*

*Ernesto: Na primeira semana, ela não dormia, nós tínhamos conosco só os brinquedos que vinham na mala e aguardamos pela mudança chegar com todas as nossas coisas.*

*Mary: Erne também passou mal, tinha dores de cabeça, lembra? As malas demoraram para chegar. [Erne desenha, com vermelho, muitas linhas com pontas (Figura 6.13).]*

*Ernesto: Nós chegamos antes que as malas no Rio de Janeiro. Que praias bonitas tem aqui! Na Venezuela, nós também temos bonitas praias, já que morávamos em Maracaibo.*

*Mary: Aqui também podemos ir para a praia quando quisermos. Estou impressionada de como as pessoas no Brasil fazem esportes, as senhoras têm um corpo trabalhado! Todas usam biquíni, é impactante, até os velhinhos jogam voleibol na praia, se conservam muito bem de saúde. Na Venezuela, você não vê uma senhora de 40 vestindo biquíni, apesar de termos uma temperatura de 35 ou 40 ºC.*

*Ernesto: Aqui tem uma cultura saudável, você acha uma academia em cada esquina.*

*Mary: Voltando a falar da Venezuela, Erne foi o primeiro neto menino, e minha mãe me ajudou muito a cria-lo, eu trabalhava e estudava. Agora que a gente veio para aqui, minha mãe está com tantas saudades dele que até passou mal, até febre ela teve. [Erne desenha (Figura 6.14).]*

*Ernesto: Ela o levava na creche e aguardava fora, lendo o jornal, até que acabasse o horário para ir embora.*

*Mary: Os avós até o tiraram da creche para cuidar dele. Eu viajava muito a trabalho e eles tomavam conta de Erne, com certeza aqui ele deve sentir-se livre daquilo. Aqui Erne está aprendendo a se virar na escola, ele pode, é uma criança. Meus pais são excepcionais, eu sinto muitas saudades deles, ainda que o shopping ajude, mas...*

*Erne: Você gasta dinheiro lá. [Desenha uma figura só rodeada de linhas ao redor (Figura 6.15).]*

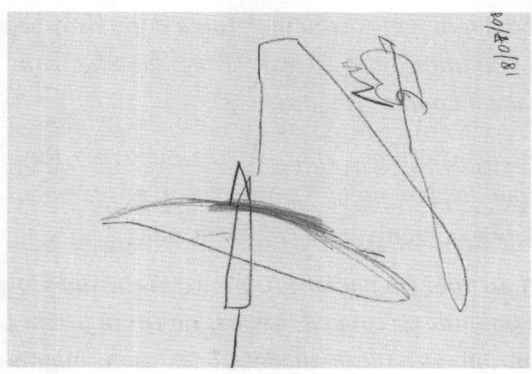

Figura 6.13 Desenho de Erne em folha pequena, feito em cor vermelha.

Figura 6.14 Desenho de Erne em folha pequena.

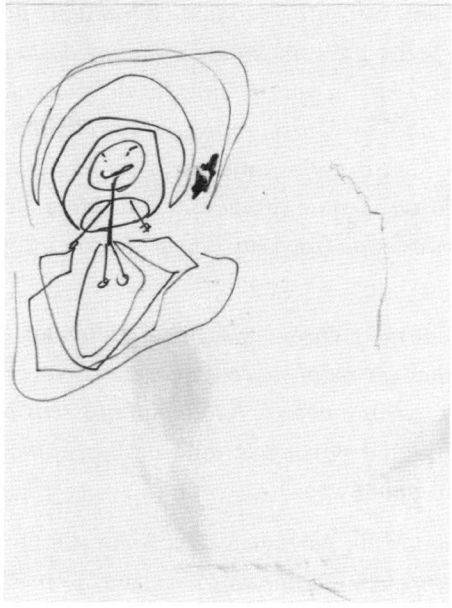

*Figura 6.15 Desenho de Erne em folha pequena.*

*Terapeuta: Erne, quantos desenhos você está fazendo! Seus pais contam a história da família e você conta sua história desenhando. Primeiro, um desenho rabiscado e incompreensível, porém mostrando algo que fica oculto; depois, várias linhas com pontas e uma flecha que pode vir da Venezuela até aqui; depois, essa pessoa que parece levantar voo, como vocês vindo ao Brasil deixando os avós e, como consequência disso, você se desenha sozinho com seu nome, no Rio; logo, uma figura rodeada de linhas que a protegem ou a separam de fora.*

*Erne: Pode ser.*

*Ernesto: Eu vim escolher onde viver aqui, como eu vou viajar muito a trabalho tentei escolher um lugar de moradia com segurança. Na Venezuela, morávamos em um residencial que não era seguro, porém, aqui procurei um apartamento. Como eu vim aqui para* cobrir missões no exterior e vou viajar a trabalho, procurei que eles tivessem tudo perto, até com linha de ônibus do lado. Você gostou do lugar que escolhi? Eu vou ter missões de quarenta dias fora, na Nigéria, então, aqui no bairro, rodeados dos vizinhos, sinto que eles vão estar bem. Conseguimos uma moça recomendada para cuidar da bebê. Tenho que tentar compensar que Mary deixou na Venezuela oportunidades de trabalho, e Erne deixou os amiguinhos e as professoras.

Terapeuta: Erne, e você, o que acha? Desenhou uma figura sozinha com linhas ao redor, parece quase um cárcere, não pode se aproximar dos outros e fica só. É igual ao que seus pais relatam da dificuldade para falar português, aqui no Brasil; mas agora você só fala português, como é isso?

Erne [responde em português]: Eu tinha uma professora muito jovem lá, porém esqueci tudo da Venezuela, só me lembro de meu avô e eu não sinto saudades de nada, tenho amiguinhos novos na escola aqui.

Os pais compartilham um olhar positivo sobre a terra brasileira, colocando em palavras a boa acolhida que receberam no Brasil e como percebem as diferenças com a terra de origem e as aproveitam. Estão começando a virar interculturais, estabelecendo pontes entre as culturas conhecidas. No entanto, também falam da falta, das saudades, da família que ficou para trás e conseguem intersubjetivamente se pôr em contato com o luto pelas perdas. Por outro lado, dentro do mesmo núcleo familiar, Erne tenta negar as perdas, ao falar só em português e dizer que está bem adaptado na escola, com amigos, e ao não sentir saudades nem lembrar da terra de origem. Erne pareceria estar tentando anular e negar o pertencimento que a língua atrela à terra de origem. Novamente, aparece a cisão dentro da família.

O pai descreve uma procura pela segurança, dentro do Brasil, por meio da busca do apartamento, já que expõe que a moradia deles na Venezuela era insegura e tenta assentar aqui a família em um lugar que subjetivamente lhes outorgue segurança. Ernesto menciona certas situações de desamparo as quais a família vai ter que enfrentar, porque ele foi contratado para trabalhar no exterior e estará fora de casa, em longas viagens de quarenta dias cada.

A questão que se apresenta é saber qual é a terra de pertencimento deles, isso é o que a expatriação questiona. A quem eles são fiéis: ao Brasil, que os acolhe e lhes oferece trabalho, ou à Venezuela, terra de nascença deles? Essa dicotomia aparece pela possibilidade de expatriação, e o filho tenta resolver essa questão negando a cultura de origem, adaptando-se à nova cultura. Erne recusa o espanhol, deixando-o fora, e faz como se não o soubesse. Rompe com a cultura venezuelana, porque seria insuportável tolerar a perda, mas é também internamente atravessado pelo fato de que a cultura chavista atacou e excluiu seu próprio pai. Essa dupla posição sustentada pelo mesmo membro familiar implica um paradoxo no seio do núcleo familiar. O filho parece não tolerar essa dupla nacionalidade que morar no Brasil lhe proporciona. A rápida adaptação que Erne faz à cultura brasileira funciona como uma pseudoadaptação, já que, para conseguir se inserir na nova cultura, teria que processar a perda da cultura de origem – e isso parece não ser possível para ele.

O filho, ao falar apenas a língua do país de emigração, responde a uma lógica que fica oculta. Dentro da família, teríamos que pensar sobre o lugar da criança e com quem ele se identifica. Para Erne, as figuras parentais não aparecem como garantia de uma terra de origem e uma língua materna que lhe permita traçar as raízes primárias da cultura na qual foi criado, porque recusa esse pertencimento. Erne, ao negar a perda da terra de nascença, também anula as figuras parentais como possíveis modelos identificatórios que o ajudem a saber quem ele é e a que núcleo familiar pertence. A única menção às situações de angústia pela perda do país de origem vem situada no corpo e nos sintomas psicossomáticos que Erne exibe, na vinda ao Brasil e frente às viagens do pai.

*Terapeuta: E quando seu pai viaja quarenta dias a trabalho, você sente saudades?*

*Erne: Não. [Erne desenha uma arvore sozinha, com um sol e nuvens (Figura 6.16).]*

*Mary: Ele finge que é um leão forte que tem que aguentar tudo, mas, no dia em que Ernesto viaja, ele se sente mal do estômago, vomita ou diz que está sem fome, e quando Ernesto não está presente, sim, ele me diz que está com saudades. Se faz de fortão para se sobrepor à situação. Ele desenha muito bem e eu deixo que ele se expresse, não é fácil, mas isso é permitido para ele. Ele sempre é do contra. No primeiro dia de aula, não queria que eu fosse com ele na escola, tive que perguntar para descobrir como foi seu primeiro dia. Ele faz de conta que é durão, dissimula. [Ernesto e Erne jogam baralhos.] Ele é acuado e diz: "Não doeu". Ele tem que se sobrepor à situação; cada um tem reagido diferente às coisas duras que passamos.*

*Terapeuta: De que coisas duras vocês estão falando?*

*Ernesto: Em 2002, nós aderimos à greve geral na Venezuela, e só por isso Chávez botou a gente para fora, fomos impedidos de trabalhar, eu estava na lista negra. Eu não estou aqui no Brasil só por prazer. Eles queriam nos botar para fora da Venezuela, vivíamos muito confortáveis, tínhamos até o clube da empresa com os amigos do trabalho, e, de um dia para o outro, ficamos sem nada. A família nos apoiou muito.*

*Mary: Apoiou mesmo.*

*Ernesto: Foi um tempo horrível, não tinha trabalho, só conseguia trabalhos temporários, e pensava: "Quando vamos voltar a morar juntos e trabalhar para sustentar a família?". Fomos como uma fortaleza; quando recebi a oferta da empresa brasileira, pensamos em tolerar um tempo fora e depois voltar, pensamos em aproveitar a oferta. Minha esposa não pode trabalhar aqui, porém tem que aproveitar o tempo dela, não na casa, mas para fazer algo novo. Todo mundo pergunta o que vou fazer se a gente se der mal no Brasil; eu penso em voltar e pronto. Todos diziam: "Você vai levar a família toda para o Brasil, só por causa do trabalho?".*

*[Erne desenha uma figura com picos no corpo, que diz em espanhol: "Chávez, não se vá" (Figura 6.17), e outra figura redonda, com cores, e escreve, em espanhol: "Chávez, não se vá" (Figura 6.18).]*

*Figura 6.16 Desenho de Erne em folha pequena.*

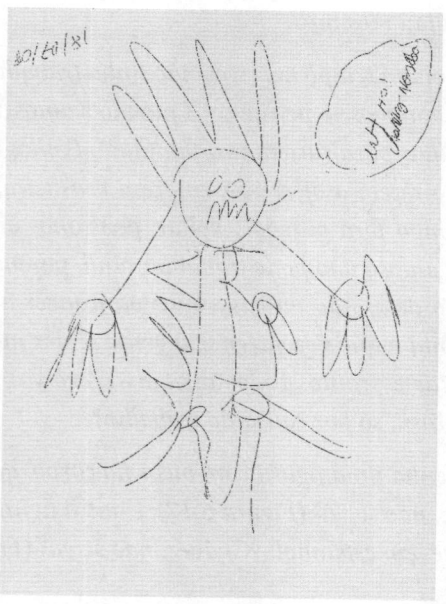

*Figura 6.17 Desenho de Erne em folha pequena. O texto no canto superior direito diz: "Uh-oh! Chavez, no se va!" ("Oh, oh! Chavez, não se vá!").*

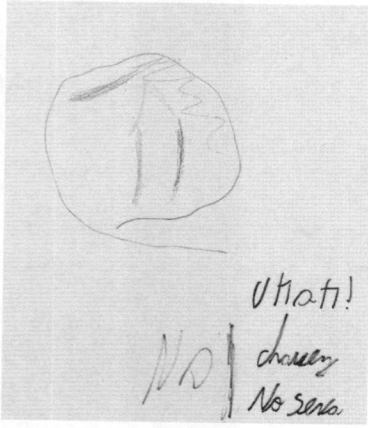

*Figura 6.18 Desenho de Erne em folha pequena. O texto no canto inferior direito diz: "Uh-oh! Chavez, no se va!" ("Oh, oh! Chavez, não se vá!").*

*Terapeuta: Mas, ainda que o sonho seja ter a família junta, vocês vieram para o Brasil e se separam, já que Ernesto trabalha quarenta dias fora. Puxa, Erne, você desenha figuras muito agressivas, parecem estar se defendendo de alguma situação muito ruim... E aqui aparece uma árvore sozinha, como seu pai viajando sozinho a trabalho. Erne, você sabe o que seu pai faz lá na Nigéria?*

*Erne: Não.*

*Terapeuta: Você gostaria de saber?*

*Erne: Sim.*

*Terapeuta: Por que você nunca perguntou? [Erne encolhe os ombros.] Acho que esta é uma ótima oportunidade para saber que coisas seu pai faz lá, nos quarenta dias em que você não o vê, também para falar das saudades e não ficar sempre doente, por não conseguir falar. Você não tem que se fazer de fortão para que eles fiquem tranquilos. Mas vamos saber mais sobre o trabalho de Ernesto.*

A família traz ao encontro todas as mágoas vividas no país de origem, fazendo uso desse espaço para falar do acontecido. Aparecem ainda habitados por muito sofrimento, e isso estaria atuando na adaptação ao novo país de moradia. Por um lado, parecem bem adaptados, mas apresentam uma falsa adaptação, porque a dor pelo vivido surge muito viva ainda e precisaria ser processada internamente.

Defrontamo-nos com uma família com uma conformação especial: convivem, nos vínculos familiares, com os vestígios da violência de Estado sofrida por eles. Trata-se de um núcleo familiar que alberga um pai rechaçado pelo chavismo e deixado às margens do social, com um filho chavista que defende a causa dentro do núcleo familiar, uma mãe que fica politicamente do lado do pai, apesar de não ter sido impossibilitada de trabalhar, e uma filhinha bebê. Tal família alberga as duas correntes contrárias. O regime totalitário chavista pune o pai, por ter se pronunciado contra ele, e a mãe apoia o pai. Ambos sentem-se expulsos do social venezuelano de que faziam parte, tanto no trabalho quanto no pertencimento social a uma instituição: na empresa que lhes dava trabalho e acolhimento, ao mesmo tempo.

No Estado venezuelano, vemos a quebra das metagarantias que protegem os sujeitos; aquela Venezuela de que os pais faziam parte parece tê-los abandonado, deixando-os em uma situação de total desamparo, sem trabalho, sem espaço de pares, sem possibilidades de almejar outro trabalho, ou seja, fora do social que antes os acolhia. Nesse momento familiar, oferece-se a oferta de expatriação a um país vizinho, e isso lhes dá uma nova oportunidade para se refazer.

Em função da situação de violência familiar vivida, vemos um filho identificando-se com a figura do líder/presidente, levantando a bandeira de Chávez, dentro das bordas da família; isso colocaria Erne em um lugar de confronto com as figuras parentais, já que o filho se sente amparado por um regime que expulsa os próprios pais. Pensamos no paradoxo que implica Erne como filho que apoia o chavismo, dentro do núcleo familiar, que, por sua vez, foi expulso do social chavista venezuelano. Na família, parecem repetir a experiência traumática vivida no país de origem. Vir morar em terras estrangeiras não tem gerado neles uma mudança interna nem vincular, pois a trazem consigo e continuam repetindo. Erne parece condensar e unir, em si mesmo, uma criança que, por um lado, se mostra com uma boa integração no país de expatriação, adotando uma pose de forte, pela qual nada o atinge, e, por outro lado, está fixado ao país de origem e ao regime chavista, que é central nessa expatriação. Ambas as posições são diametralmente opostas.

Erne traz as novas simbolizações estabelecidas pela língua portuguesa que o afastam da língua materna, como defesa daquele regime. Vemos que, ao se comunicar só na língua portuguesa, Erne a situa no lugar da violência, denunciando um apagamento da língua natal, que é o espanhol.

A situação de violência política vivida é carregada para dentro da família. Esse núcleo familiar está composto por um pai despotencializado por seu governo e um filho que ocupa esse lugar de violência e expulsão. Contudo, apesar de todos os esforços estabelecidos pelo menino chavista, o paradoxo aflora quando fala português e apresenta uma falsa adaptação ao país de expatriação.

*Ernesto: Na Nigéria, tem um protocolo da empresa que, assim que desço do avião, tenho uma escolta armada, o trânsito é terrível lá, todos gritam, tocam sirenes e eu no meio de tudo. Há catorze famílias expatriadas que moram lá, em um prédio com segurança, piscina, mas, quando você sai do prédio, ali você enxerga outro mundo. Lá eles comem a comida típica com a mão, eu não gosto dessa comida, é muito picante. Eu durmo em um apartamento que tem tudo e cozinho para mim, mas não posso sair de lá. Os expatriados que vão ao Irã dizem que lá é muito pior. Em uma ocasião, fizemos um churrasco com os brasileiros e portugueses. Também conheço Lagos, lá o ambiente é de sobrevivência, as pessoas fazem xixi e cocô na rua. No Irã, as pessoas vivem bem, em cidades fabulosas, são muito religiosas, são lugares bonitos para morar, mas sem sair de lá.*

*[Erne pega folhas desenhadas por ele e as converte em aviões ou foguetes e os joga pelo ar.]*

*Mary: Eu sempre estou com medo ao pensar onde pode estar Ernesto, ele viaja muito de avião e eu tenho medo por sua saúde, tem mudanças bruscas na alimentação, imagina do Irã à Venezuela, da Nigéria ao Brasil, às vezes volta com diarreias fortes.*

*Ernesto: Às vezes, passo muitas horas sem dormir, nessas viagens compridas.*

*Mary: Eu tenho medo que isso gere danos à saúde dele, o que mais me aterroriza é que afete a sua saúde.*

*Ernesto: Quando Chávez for embora, nesse tempo, vamos voltar a nosso antigo estilo de vida.*

*Erne: Não, não quero que Chávez vá embora.*

*Ernesto: Você fica no Brasil?*

*Mary: Ele é chavista, isso dói, mas se ele gosta de Chávez, o que vamos fazer? Nós íamos à marcha da oposição e ele gritava "Viva Chávez!". Saiu comunista.*

*Ernesto: Chávez é carismático, mas... O governo se impõe em tudo lá, se você não concorda, tem que ir embora. A empresa lá reduziu um piso inteiro do prédio onde trabalhávamos. Os que ficamos sem trabalho começamos a procurar trabalho fora do país, muitos foram para a Colômbia, aos Estados Unidos e ao Brasil. A empresa brasileira tem salvado muitos venezuelanos, todos os engenheiros estão saindo da Venezuela. O ambiente em geral tem mudado muito. Mary era professora universitária e diz que o governo tem se infiltrado em tudo, já não temos liberdade nem na educação. Ele controla tudo.*

Descrevem como a sensação de insegurança está ligada ao estado e à questão política. Aparece aqui um universo social que os contamina intrapsiquicamente e intersubjetivamente. O traumático, nessa família, tem a ver com as perdas como cidadãos, as quais remetem à proteção de seu país, que deixou de contê-los e fez com que saíssem da Venezuela por causa da violência de Estado. Quando o espaço não garante a proteção, esse espaço torna-se um espaço de ameaça. A família é uma das organizações que dão garantia aos sujeitos, constituindo uma imagem protetora; entretanto, nessa organização familiar eles sofreram um ataque proveniente do espaço transubjetivo, que também implicou um ataque aos outros espaços psíquicos. A situação vivida no país de origem os faz aceitar a expatriação.

A incerteza, o medo e a desconfiança tingem os vínculos familiares, que se revelam contaminados pela experiência vivida. A violência política vem de fora e invade o seio dos vínculos familiares. A ausência de garantias do exterior invade o interior familiar, deixando a família sem bordas que a delimitem e a assegurem. Nesse núcleo familiar, a criança é vista como um perigo para a própria família, já que ela poderia denunciá-los, porque é chavista. A família perde suas bordas como espaço de contenção para os sujeitos que fazem parte dela. O social deixou os outros espaços invadidos com a violência de Estado.

Essas são as marcas na história da família, anteriores à expatriação, que precisam ser reparadas na estrutura familiar inconsciente que os sustenta e configura de forma vincular. Eles trazem muitas histórias das quais ainda não têm falado e que precisam ser colocadas em palavras e recebidas no seio da família.

Por outro lado, Ernesto expõe-se a fazer um trabalho na Nigéria, no qual também vai ter que enfrentar a violência e os perigos, deixando a família longe, em um país estranho, no qual tenta achar segurança para eles. Talvez eles estejam transladando e reproduzindo a violência de Estado vivida na Venezuela para a expatriação, sem possibilidades de superá-la e repetindo-a até em um país diferente. A possibilidade de pôr em palavras todas essas experiências pode ajudá-los a tramitá-las internamente e nos vínculos familiares.

[*Nesse momento, Erne sai correndo da sala onde trabalhávamos. A terapeuta vai atrás dele e Erne pergunta quem ela é, se é chavista ou da oposição, quem a contratou para trabalhar com eles. Erne está muito assustado; então, voltamos para a sala e falamos também com os pais.*]

Terapeuta: *Erne me perguntou quem eu sou e quem me trouxe a falar com vocês. Talvez ele esteja com o mesmo medo que teve na Venezuela, onde, por pensar diferente, algumas pessoas como o Ernesto foram excluídas do trabalho e do país. Nossa conversa é parte de uma pesquisa em psicologia que investiga as famílias de expatriados, sem nenhuma vinculação com a Venezuela. Erne, você pode ficar tranquilo, eu tenho um voto de segredo profissional como psicóloga, dado pela ética de minha profissão.*

[*Os pais riem e abraçam Erne, pedindo para ele ficar tranquilo e sossegado.*]

Terapeuta: *Talvez o que aconteceu aqui também dê conta do sofrimento de vocês e como Erne entendeu que o silêncio seria fundamental para salvaguardar a família. Pode ser que ele fale em português como uma forma de apagar os rastros do passado de vocês na Venezuela, mostrando que os traços do sofrimento vivido lá ainda persistem e vieram com vocês até o Brasil. Por isso, é muito importante que falem disso, visto que é uma forma de elaborar a situação de dor e de se sobrepor a ela.*

O encontro com a terapeuta está carregado pela transferência com uma família afetada por um trauma familiar, em um contexto socioeconômico e político específico. O próprio contexto tem se transformado em uma ameaça – ameaça à palavra e ameaça em nível simbólico.

Dentro do encontro analítico, vemos como Erne denuncia uma insegurança fundamental que torna hesitante o fato de falar, pois abrir a boca parece ser muito perigoso no seio dessa família. Erne pergunta à terapeuta se ela é chavista ou não, pergunta se ela é ameaça ou proteção. Assim, inaugura um discurso com traços paranoicos, que nos dizem de um ataque ao vínculo familiar. Denota que a violência vivida pelo pai parece habitá-los como núcleo familiar. Aquilo que foi falha do social venezuelano aparece na transferência à terapeuta, como pergunta que se abre à estruturação dos vínculos. Aparece aqui uma transferência específica do medo e desconfiança vividos na Venezuela, agora fazendo-se presentes no encontro terapêutico no Brasil; a migração mostra-se tingida por vivências anteriores que não permitem vivê-la como uma nova experiência, até que o terror vivido anteriormente seja elaborado e abandonado, em um processo de luto. A transferência é o instrumento que viabiliza a evolução desse processo, como forma de se aproximar da atual experiência de expatriação como um momento diferente, de novidade e de possibilidades vinculadas com a vida e o futuro.

Algo novo parece se desenvolver quando a terapeuta abre, por meio da palavra, a possibilidade de compartilhar entre eles a violência do vivido e a possibilidade de construção conjunta de uma nova estabilidade criada por eles e entre eles, agora no país de expatriação. Isso acalma o clima de perseguição que tingia os vínculos, para estabelecer um clima emocional vincular com possibilidades de construir um vínculo novo e baseado nos traços vitais e libidinais que os unem.

Consideramos esse momento como uma ocasião privilegiada para habilitar mudanças vinculares, como um momento-dobradiça, de abertura a novos desenvolvimentos e criação de vínculos complexos e ricos, nos quais é possível dar possibilidades ao crescimento dos sujeitos que fazem parte desses vínculos e dos vínculos em si. Essa família está conseguindo fazer bom uso dessa possibilidade, já que, apesar das resistências, consegue pôr em palavras e em atos os medos e inseguranças vividas, para conseguir modificá-los e transformar-se entre si.

*Mary: A professora de Erne está assombrada com como ele se adaptou e se integrou aos coleguinhas brasileiros, ele brinca com todo mundo, desde o primeiro dia de escola.*

*Terapeuta: Talvez sinta que esquecer a Venezuela, adaptar-se rapidamente e falar só português vão apagar os rastros de sua vinda do país de origem. Isso fala também do medo vivido lá.*

*Ernesto: Às vezes, ele diz que não quer comer e, como foi criado por meu pai e minha mãe, ele os enganava e escondia o que verdadeiramente queria. Mas eu conheço meu filho, ele guarda as fotos dos avós para ninguém ver. Nós gostamos da música de Maracaibo e ele também, só que diz que esqueceu tudo, porque está assustado por tanta perseguição política.*

*Mary: Ele tenta me proteger, já que eu fico muito tempo sozinha.*

*Ernesto: Quando eu viajo, ele é o homem da casa e cuida de tudo. Nós estamos sempre em comunicação, às vezes até brigamos pelo telefone.*

*Terapeuta: Não será pesado demais tanta responsabilidade para um menino de 8 anos?*

*Mary:* Meu esposo e eu mantemos uma boa comunicação entre os dois, isso tem sustentado a relação. Fazemos diferentes atividades e levamos uma comunicação aberta e livre. Temos construído uma relação estável e sólida. Com Erne também, mas hoje ele está hermético e fechado.

*Terapeuta:* Talvez ele esteja se protegendo e tentando proteger vocês. Vejam que preocupado ele ficou, quando falaram da greve e suas consequências. Ele está preocupado e angustiado, é importante que vocês tentem apoiá-lo e falar do acontecido, para discriminar o passado do presente.

*Ernesto:* Se a greve fosse hoje, eu aderiria à greve geral da mesma forma que naquele momento. Ficávamos auditados, tinha perseguição. Fomos alertados de que o país ia para o mau caminho. Até as melhores universidades sofreram intervenção.

*Mary:* Fizemos tudo por um ideal, nós nos desprendemos do que tínhamos.

*Ernesto:* Perdemos a batalha, mas valeu a pena. Na empresa em que eu trabalhava, mandaram embora muitas pessoas. Um gerente se suicidou, não estava preparado para tanta mudança.

*Mary:* Muitos casais se divorciaram, só ficamos dois ou três casais juntos.

*Ernesto:* O afastamento acabou com o matrimônio. Todos os meus colegas estão trabalhando, mas temos um plano para o futuro de fazer renascer a empresa que sofreu intervenção de Chávez. Eu aspiro a voltar para meu país. A comunicação na família é muito importante, já que, se não nos comunicarmos, isso pode gerar alguma doença.

*Mary:* Algumas pessoas adoeceram de câncer.

*Ernesto: A empresa na Venezuela acabou, perdemos tudo e recuperamos outro trabalho aqui no Brasil. Eu sei que meu trabalho é perigoso, quando viajo, mas se mantêm as regras de ir com escolta armada, e aí não tenho problemas.*

*Terapeuta: Vocês compartilharam hoje uma história de luta juntos e cada um, de sua forma, está colaborando. Até Erne, que hoje falou pouco, mas desenhou muito; foi fundamental que tenha escutado tanta informação que talvez estivesse faltando para ele. Vocês já sabiam disso, mas Erne ficou fora, por não perguntar e ficar calado, parecendo que estava tudo bem. Erne precisa ocupar o lugar de criança de 8 anos e deixar que os adultos, que são vocês, cuidem dele e da família toda, ou seja, precisa voltar a seu lugar de filho, menor de idade, para ser cuidado. Acho que tudo o que compartilharam aqui tem sido muito importante para vocês e pode ajudar a sarar as feridas do passado e constituir um presente bom, com possibilidades para todos.*

Essa família apresenta-se como suficientemente permeável para conseguir aproveitar e viver um processo de mudança, dentro do encontro terapêutico. Manifestam que sentem que eles teriam duas opções: a de adoecer, como os que deixaram que o terror vivido os invadisse no corpo e nos relacionamentos; ou pôr o passado em palavras, para conseguir elaborá-lo e superá-lo. Apesar de apresentar resistências, sentiram-se habilitados a pôr, em palavras e em atos, as vivências de terror e medo vividas no país de origem, situação que os habilita a elaborar o vivido, processar o luto pela pátria perdida e estar mais abertos e expostos às novas situações que o país de acolhida pode lhes oferecer. Também conseguiram, assim, recuperar o clima familiar que os protege e lhes dá aconchego, como espaço de referência e resguardo frente às dificuldades do mundo exterior. Na medida em que processam o vivido, conseguem recuperar os vínculos familiares e se dispor para vivenciar a expatriação como situação de mudança, futuro e espaço de possibilidades várias, a serem vividas nos vínculos familiares.

A transferência tem operado aqui como ferramenta valiosa, a qual ajudou a recuperar a confiança vincular e colocar as vivências do passado na memória vincular, tornando-os assim habilitados a projetar-se no futuro. Poderíamos chamar essa transferência de transferência migratória, porque inscreve uma passagem do terror e medo que os colocava na clandestinidade dentro do passado vincular deles, auxiliando-nos na prospecção da mudança e habilitação para continuar a se colocar em uma experiência de vida com possibilidades futuras no novo país de moradia.

## Caso clínico 5

Casal formado por Roberto, funcionário expatriado de 35 anos, e Júlia, a esposa de 35 anos. Eles vêm da Bolívia para o Rio de Janeiro e participaram da pesquisa lá.

*[Eles chegam com atraso porque tinham confundido o dia do encontro.]*

*Roberto: Eu nasci em Sucre, Bolívia.*

*Júlia: Eu nasci em Santa Cruz.*

*Roberto: A gente casou faz seis anos. Eu vim no ano 2000 por um trabalho temporário no Brasil e gostei muito, agora fomos convidados a vir por um tempo, e aqui estamos. Morávamos em Santa Cruz e, como eu não tenho família lá, a família de Júlia passou a ser minha família. Minha irmã mora em Miami, já que foi embora com a família. Nós fomos convidados a vir para o Brasil e aceitamos. Meu chefe boliviano não queria me liberar para vir, pois nacionalizaram a empresa lá e precisavam de mim. Eu gosto da cidade aqui, Júlia também gostava do Brasil, pois veio a passeio [os dois riem um para outro]. Nós chegamos faz oito meses e estamos nos adaptando bem; o único problema é o visto dela, pois não a deixam trabalhar, está fazendo aulas de português e aulas para dirigir carro, mas...*

*Júlia: Venho de uma família com três filhas, eu sou a do meio, a mais velha casou e foi para os Estados Unidos. Quando eu escolhi minha profissão, gostava de tudo, meu pai sempre trabalhou em um banco e foi bem-sucedido, minha mãe era secretária educativa. E eu escolhi estudar Direito.*

*Roberto: Você queria estudar Relações Internacionais e teu pai escolheu Direito.*

*Júlia: Quando casamos, meu pai disse que meu esposo estava me levando embora. Depois, eu fiz um balanço geral e decidi estudar Direito.*

*Roberto: Ela também gostava de trabalhar com crianças e adolescentes.*

Começam narrando como o casal foi se configurando e se desprendendo dos vínculos da família de origem, para se constituir como uma nova conformação familiar. Construir um vínculo de casal implica romper os laços com a família de origem, para possibilitar a construção de um novo devir vincular, dentro do relacionamento de casal. Roberto denuncia o vínculo estreito que Júlia tinha com sua família e mostra como ele conseguiu ajudá-la a separar-se e advir ao novo matrimônio que estava se estruturando.

Por outro lado, mapeiam os diversos pontos cardeais em que os diferentes membros da família se encontram, evidenciando como estão estendidos por vários países. Nomeiam familiares em diferentes cidades da Bolívia e dos Estados Unidos. Ao citar a separação dos familiares, talvez estejam antecipando, no relato, contar sobre a dor que isso provoca em cada um deles e as consequências subjetivas que ditas mudanças igualmente geram.

*Júlia: Trabalhei no colégio onde me formei. Faltava uma professora de Direito, não era profissional em educação, mas consegui. Nós ficamos noivos, compramos um apartamento e conseguimos nos manter sós. Isso é uma coisa fora do comum em nossa sociedade, na Bolívia. Meus pais entraram em uma crise econômica e a única solução foi ir para os Estados Unidos.*

*Roberto: Eles venderam a empresa de transporte que tinham.*

*Júlia: Tudo se desfez, uma tristeza grande. Continuei ensinando até que me exigiram título em pedagogia.*

*Roberto: Eu tinha trabalho, por sorte.*

*Júlia: Conseguimos morar sós, mas na configuração social da Bolívia, todo mundo mora com os pais e nós conseguimos independência. Na Bolívia, não gostávamos de ir a baladas, sempre fomos dois bichos atípicos para a sociedade de lá, ninguém nos entendia.*

*Roberto: Os homens vão a festas e as mulheres também, eu não me encaixava nisso, não gostava das festas de homens nas quais havia outras mulheres, não era para mim.*

*Júlia: Para trabalhar lá, você tem que ter amigos, estar por dentro do ambiente. As mulheres fazem festas em suas casas e convidam pessoas. Nós não entrávamos nessa. Eu não podia trabalhar à noite ou na política, já que era mulher e não queria descuidar da família. Também me sentia pressionada pela sociedade que perguntava o tempo todo quando íamos ter filhos. Ainda não tínhamos*

*um orçamento que permitisse dar uma boa educação a nossos filhos,*
*porém, aguardamos. As mulheres sempre iam bem vestidas, mas eu*
*não gostava disso. Comecei a ficar muito sozinha, me sentia depri-*
*mida. Ante a oportunidade de vir para o Brasil, eu fui a pessoa mais*
*feliz de ir embora de lá.*

Relatam, na sequência, a dor pela separação das respectivas famílias, porque a situação econômica da Bolívia era desvantajosa e gerou a desagregação familiar. Vemos como o país de origem deixa de outorgar-lhes amparo, e isso produz a emigração familiar, motivada por razões econômicas. O país de nascença parece expulsá-los, não lhes oferecendo a possibilidade para se sustentar economicamente lá.

Esse casal consegue constituir uma independência econômica com respeito aos próprios pais, situação não habitual na sociedade da Bolívia, colocando-os em um patamar diferente dos casais novos, que parecem sempre permanecer "grudados" a suas famílias de origem, sem estabelecer um caminho próprio e particular.

Também relatam como se sentiam estrangeiros dentro de seu próprio país. Não conseguiam se inserir na sociedade boliviana, pareciam não se adaptar aos costumes e rituais compartilhados pelos moradores da Bolívia. Isso foi instituindo uma separação, entre eles e a sociedade boliviana, e começam a se perguntar como criar e achar um espaço social no qual possam sentir à vontade e junto a pessoas com quem dividir gostos e escolhas. O convite para a expatriação chega a eles no mesmo momento em que essas questões os interrogam, de sorte que abraçam a ideia de sair do país à procura de um lugar de pertença social. Talvez a decisão de aceitar a expatriação possa se remeter a um desejo idealizado de achar um lugar para eles; ou se deslocar a outro país possa estabelecer uma distância que os habilite a ser e constituir-se subjetivamente.

*Roberto: Eu não sabia como lidar com a sociedade boliviana, pensei em deixar meu trabalho lá, mas surgiu a possibilidade de vir para aqui e abracei a ideia.*

*Terapeuta: Parece que se juntou a oportunidade de vir com a vontade de vocês de irem embora.*

*Júlia: Tenho que aprender a ter paciência aqui, e, já que não posso trabalhar, vou ter mais tempo para pensar. Sinto-me acompanhada pelos valores da religião católica: Deus envia aos seus filhos quando isso há de acontecer, mas, para mim, ainda não aconteceu. Vou estudar português na faculdade para obter um certificado, sinto que tudo isso está nos criando um laço de vida com o Brasil. Na Bolívia, todo mundo aprende inglês para ir morar nos Estados Unidos, mas nós não gostamos dessa perspectiva; com a sociedade brasileira, sinto-me mais à vontade, é mais fácil. Sinto que vir aqui encheu um vazio que eu tinha; chegar aqui foi como ver uma luz, foi renovador. Tenho batido papo com outras mulheres expatriadas que sentem muitas saudades de lá, até das comidas.*

*Roberto: Temos poucas coisas que nos prendem à Bolívia, meu pai faleceu, só tenho minha mãe.*

*Júlia: Faz oito anos que eu vim a passeio ao Brasil e fiquei fascinada, todo mundo dizia que eu não parecia boliviana. Miami não é o lugar para mim, sei de uma senhora que morreu sozinha em seu apartamento lá. Uma vez, Roberto viajou para o Japão e eu fui aos Estados Unidos para ficar com minha família por sete dias, eles queriam que eu ficasse mais tempo, mas eu não aguentava mais. Eles são felizes à maneira deles e nós aqui; eu rompi o laço com minha família.*

*Roberto: É importante para deixar de pensar em sua mãe. Antes você ponderava, o tempo inteiro, se ela queria que você fosse lá ou não, mas, morando no Brasil, você não pensa nisso.*

Júlia: *Vou ficar quatro anos sem trabalhar aqui, mas não sinto o vazio profissional nem familiar, sinto minha vida plena aqui; quando digo tudo isso, as pessoas ficam surpresas. Meu pai veio nos visitar, minha mãe ainda não. É duro quando seu próprio país fecha as portas para você, os chefes de Roberto não queriam que ele viesse para o Brasil, pedimos que nos ajudassem, mas... a luz se fez no Brasil. Era aqui. Não queremos voltar à Bolívia, somente saindo da Bolívia sabemos que não queremos voltar. Este país é aberto e ajuda a se reencontrar com você mesmo.*

Roberto: *Saímos de férias e fomos ver meu irmão em Genebra, depois eu fui para o Japão. Conhecemos outra parte do mundo que não conhecíamos. Ao nos localizarmos no contexto mundial, aprendemos como as pessoas vivem, isso é importante. As pessoas brasileiras são muito boas.*

Assinalam que se sentiam como peixe fora da água no país de origem e acharam-se muito à vontade no país de expatriação, o que marca um movimento intersubjetivo. Até aqui, só assinalam aspectos positivos sobre o Brasil. Fazem uma dissociação entre os aspectos negativos que ficaram na Bolívia e, dessa forma, conseguem salvar exclusivamente o positivo para projetá-lo no Brasil.

Ao se comparar com outros expatriados, sentem a diferença, já que os outros estão com saudades e continuam lembrando e tentando recriar o contexto cultural da Bolívia no Brasil; contudo, eles parecem poder aproveitar do social brasileiro, na medida em que não ficam atrelados afetivamente ao país de origem. Estendem-se sobre a experiência de expatriação que estão vivendo e fazem comparações entre a cultura de origem e a cultura brasileira, expõem aqui a escolha subjetiva que eles têm feito como casal. Podemos pensar que a interculturalidade está se compondo intersubjetivamente, no vínculo entre eles, visto que vão fazendo um trabalho de ida e volta entre as culturas e chegam à conclusão de que a escolha deles é pela cultura e pela terra brasileira. Não abandonam o conhecido boliviano, mas somam a identidade deles à marca que o Brasil deixa, na subjetividade que os constitui. Desse modo, a interculturalidade vai se instaurando como um tecido intersubjetivo vincular, a partir da trama que se estrutura entre as diversas culturas com as quais eles têm convivido. Desenvolvem a interculturalidade como uma rede de vínculos e experiências de vida que os modificam e os mudam.

Estamos assistindo à escolha e à transformação vincular na escolha por morar no Brasil. A interculturalidade está se constituindo nesse momento e modifica o vínculo entre eles e a estrutura vincular inconsciente de casal que traziam. Estamos defronte a uma modificação da estrutura vincular, no mesmo momento em que surge a interculturalidade como uma variável que adiciona subjetividade ao vínculo.

*Júlia: Eu tenho vivido várias situações fortes e muito boas aqui.*

*Terapeuta: Você gostaria de contá-las?*

*Júlia: No apartamento onde a gente morava, foi uma senhora cristã a pregar no sexto andar e, ao subir, errou de andar e ficou no quinto, por sorte ela bateu na minha porta e começamos a falar, acabei sendo convidada por ela para fazer parte do grupo de mulheres que predicam e ensinam a Bíblia. Eu aprendo muito português lá também. Mas o mais forte foi quando a gente estava procurando apartamento para morar. O prazo vencia em pouco tempo e não tínhamos achado um lugar que gostássemos. Eu sou muito cristã e descobri isso ainda mais no Brasil. Roberto achou um oferecimento de aluguel de um apartamento, e essa era nossa última oportunidade, já que vencia nosso prazo. Estávamos bastante angustiados e desesperados com a procura, você pode imaginar! Mas tivemos uma revelação, quando entramos no apartamento, a senhora da imobiliária abriu as persianas da sala e sabe o que dava para ver de lá? O Cristo Redentor. Foi uma experiência muito forte e reveladora, esse seria o lugar no qual íamos morar, Jesus ajudou a gente, foi muito forte.*

*Terapeuta: Que experiência bonita e forte ao mesmo tempo, Júlia! Juntou-se aqui seu interesse pela religião com a cidade onde foram convidados a morar. Essas situações de vida parecem ter aproximado mais vocês dois como casal.*

*Roberto: Para ser feliz, você tem que querer sê-lo.*

*Júlia: Foi tão bom que decidissem trazer Roberto para trabalhar aqui!*

*Roberto: Eu trabalho e tenho uma esposa estável que me apoia, que mais posso pedir?*

*Júlia: Às vezes, eu sinto uma tormenta de ideias e tenho que limpar minha mente. Fui me encontrar com mulheres argentinas expatriadas e elas sentiam muita saudade, por ter saído do país de origem, e decidi não ir mais, não gostei. Aprendi a superar meus momentos sozinha e, dessa forma, não me sinto só. Interatuo no bairro com as vizinhas, ganhei amigas de culto de 80 anos, o padre me reconhece quando ando na rua, estou feliz.*

*Roberto: Os bolivianos só falam de lá, a gente se junta com eles, mas estamos agora aqui [olha para ela, procurando um olhar de aprovação].*

*Júlia: Temos muito boa formação profissional da Bolívia, mas acho que os profissionais têm que sair de lá. Agora só ficaram grandes empresários ou aqueles que estão na política, os profissionais têm que sair de lá. Nós vendemos tudo, na Bolívia.*

*Roberto: Quando escutamos rumores do socialismo, decidimos vender tudo.*

*Júlia: Tomamos a decisão e jogamos um tudo ou nada, agora temos que nadar, porque senão a gente se afoga, toda essa experiência tem nos fortalecido. Estávamos tão carentes lá, eu sinto que melhorei como pessoa vindo ao Brasil, temos nosso apoio e isso é bom.*

*Terapeuta: Vocês têm conseguido aproveitar o melhor da experiência, crescer com o que deixaram para trás e tirar o melhor do que este país de acolhida tem lhes oferecido. Concordo com vocês em que têm crescido muito. Vocês também transmitem experiências de encontro com aspectos seus que não conheciam e que a experiência de expatriação ajudou a descobrir.*

Expõem como tentaram estabelecer contato com expatriados de outros países e não se sentiram à vontade, pois os encontros eram sempre saudosistas, na lembrança do país perdido; então, escolhem se afastar dessas pessoas e procurar interagir com os brasileiros. Vemos como tentam se afastar das pessoas que os vinculam a seu passado boliviano, no país de origem. Comentando sobre a experiência de expatriação, Júlia conta que é advogada e não pode trabalhar no Brasil devido à documentação do contrato de Roberto. Ao mencionar sua profissão, aparecem, pela primeira vez, aspectos positivos que a Bolívia lhes deu, por meio da boa formação profissional. Poder entrar em contato com as situações boas que receberam, no país de origem, os habilita a organizar sua visão de mundo de um modo mais integrador e não tão dicotômico. Parecem poder identificar-se e trazer à tona os aspectos positivos que herdaram da Bolívia, para uni-los internamente às novas experiências de vida.

Júlia foi refletindo sobre como achar internamente um objetivo pessoal para sua expatriação, para torná-la seu próprio objetivo, na procura de seu próprio desejo que a habilite a viver esse momento subjetivamente e não somente como companhia para seu esposo. Descobre gostos e interesses pessoais como forma de achar um objetivo genuíno e próprio nesse tempo de vida.

Júlia descobre que, ao se aproximar de sua religião, sua escolha cobra significação como alternativa própria, e, dessa maneira, sente-se amparada e reconhecida, conseguindo assim dar forma a seu próprio perfil na expatriação. Júlia decide unir-se ao grupo de mulheres da igreja que estudam a Bíblia e predicam para os fiéis. Aqui, assistimos à conformação subjetiva da experiência de expatriação para Júlia, como experiência de vida na qual reescreve seus interesses e se faz dona de seu próprio desejo. A expatriação passa a ser uma escolha agora também para ela, na medida em que descobre um caminho pessoal de crescimento e aproveitamento da situação.

Dessa forma, Júlia estabelece uma relação entre seu desejo de aproximação à religião e sua mudança temporária ao Brasil. Ela relata como essa experiência de encontro entre seu desejo e a vista do apartamento da imagem do Cristo a marcou fortemente, permitindo-lhe desenvolver uma experiência de constituição subjetiva enriquecedora para si mesma.

Parecem entrar em contato principalmente com os ganhos frente à mudança, sem conseguir enxergar as perdas; talvez isso se deva ao fato de que ainda não toleram a vivência de perda (do país de origem, dos pais, dos irmãos etc.). De alguma maneira, as perdas aparecem negadas, pela dor que poderiam causar. Encontram, enquanto casal, uma complementaridade vincular para afastar o sentimento de perda, porque talvez não consigam suportar a falta. Esse processo intersubjetivo precisa de um tempo de elaboração e de integração dos ganhos junto às perdas, no caminho de construção e integração da expatriação. Vemos como esse casal se encontra elaborando essa situação, em uma posição intermediária que precisa ser tramitada subjetivamente, para formar parte do vínculo entre eles.

Como casal, estão desenvolvendo um perfil intercultural que se encontra em um momento intermediário de movimento paulatino de aceitação dos ganhos e das perdas. Por outro lado, a estrutura vincular de casal que trazem se constitui e se enriquece. Vão processando conjuntamente a interculturalidade com o vínculo de casal em processo de mudança. Conseguem visualizar a experiência de expatriação como uma escolha vincular e individual para cada um deles, deixando-os mais à vontade no achado intercultural de uma terra escolhida para morar, junto ao vínculo de casal que se modifica, na intersubjetividade.

## Caso clínico 6

Família formada pelo pai, Luís Pedro, de 35 anos, funcionário expatriado, e Lola Maria, a esposa de 33 anos, com as filhas gêmeas Olívia e Rosário, de 8 anos. Há seis meses trasladados da Argentina para o Rio de Janeiro, onde participam da pesquisa.

*Luís Pedro: Nós viemos da Argentina, morávamos na Patagônia, depois fui transferido para Rosário e depois à capital. As meninas são gêmeas e nomeamos uma de Rosário, porque adoramos morar lá, e Olívia, pela novela. Olívia foi a que nasceu primeiro. Chegamos ao Brasil faz seis meses. Viemos um mês antes, para conhecer a cidade.*

*Lola Maria: Achei o colégio para as meninas pela internet. É um colégio tranquilo, laico, como nós. Somos uma família de classe média. Eu penso que a expatriação tem um risco, uma vez que* recebemos um apartamento de luxo para morar, um convênio médico, escola de alto padrão para as nossas filhas, e um monte de regalias extras, por sermos uma família de funcionário expatriado. Porém, sinto medo de acharmos que todo o luxo que recebemos "seja verdade", pois, quando voltarmos para a Argentina, voltaremos a ser o que éramos. Isso pode ser um erro, ou pode dar uma confusão, porque "você acaba achando que você é o que (ou quem) você não é". Na minha terra, eu tinha coisas que me faziam pertencer à classe média e aqui tenho mais coisas que me incluem em uma classe social privilegiada, e eu não quero ficar contando com isso como se fosse meu, porque, lá na Argentina, não vou ter mais. Por tudo isso, achei importante procurar uma escola de classe média no bairro onde moramos e que as duas estejam juntas, na mesma sala de aula. Eu impus isso à escola como condição.

Luís Pedro: As meninas também fazem coral na escola.

Lola Maria: E aulas de língua portuguesa. Eu também estudo português, queria ir a um instituto de argentinos, mas a empresa não paga os cursos lá e estou tendo aulas particulares em casa.

É possível perceber que a família tenta preservar a identidade familiar anterior à sua vinda para o Brasil. Lola Maria põe em palavras o medo de não conseguir mantê-la e o desejo de não permitir que esta se modifique, frente à expatriação. As transformações parecem atemorizá-los, por isso, buscam manter o mesmo formato do grupo familiar que tinham antes de sair da Argentina, principalmente como família ateia e de classe média. Aparece um grande temor de que as mudanças – de grupo social, de ganho salarial, de escola e moradia de alto padrão – os transforme em outra família. Por isso, se defendem, tentando impedir que a expatriação os modifique. Isso aparece como uma resistência às possíveis mudanças – apesar de terem trocado de lugar de moradia, inúmeras vezes

–, situação que tentam negar para sustentar a ilusão de que irão manter uma forma de viver homogênea e sem variações, aconteça o que acontecer, mudem para onde mudarem.

Lola Maria põe em palavras os medos familiares: de habituar-se à opulência na qual vivem, na expatriação, como se fosse própria, ou seja, não podem se apropriar do que recebem. Ao terminar o contrato de trabalho e deixar de ter esses privilégios, teriam de se haver com essa perda. Isso pode gerar uma certa crise de identidade, já que poderiam ficar sem saber quem são, perdendo-se a si mesmos. Além disso, se perguntam como irão se sentir quando voltarem à Argentina; se vão perder seus referenciais e não se reconhecer, ou se vão conseguir saber quem eles são. Ou seja, tudo isso nos faz ver quanto Lola Maria é porta-voz do receio familiar de que as novas experiências não possam ser integradas.

Com a entrada das duas filhas gêmeas na escola, a condição que a mãe impõe é a de que não as separem. É possível que a mãe esteja expondo o medo que ela tem de deixar as filhas sozinhas, e por isso acredita que, estando juntas na sala de aula, estariam em um ambiente familiar, criando, assim, um microgrupo que recrie a família que vem de fora do ambiente escolar. Da mesma forma, quando mencionam as atividades que fazem na escola, falam do coral, e nele, apesar de estar formado por muitas pessoas que cantam, escuta-se uma voz só, como a mãe desejaria que acontecesse com as duas filhas, em uma sala de aula só. Mantendo as filhas unidas, a mãe parece querer que elas mantenham a lembrança de quem são, como estrangeiras de família argentina. Aparece um certo medo de mergulhar na cultura estrangeira – a brasileira –, porque, na fantasia, isso poderia modificá-los a ponto de não conseguirem se reconhecer. Estamos diante da angústia que eles vivem pela possível perda de identidade cultural. Parecem não poder achar um modo menos atemorizador de viver essa experiência. Sentem que, ao se abrir à cultura brasileira, correm o risco de perder totalmente a cultura argentina que trazem do país de origem, mas isso é um paradoxo. Gostariam de mudar, porém, ao mesmo tempo, de não mudar, o que é impossível. Eles parecem não perceber que já foram modificados pela experiência de mudança e não conseguirão voltar a ser quem eles eram, já que mudaram. Na exposição ao novo da expatriação, necessariamente foram modificados e tocados pela experiência.

Essa situação de sentir-se expostos ao perigo da mudança é gerada pelo momento de expatriação e pela perda de país, de língua e de cultura como referenciais que os asseguram e orientam. É muito importante que possam expor essas angústias para serem colocadas em palavras, como forma de ajudar a elaborá-las e tramitá-las. Ainda quando tentam se defender das mudanças, negando-as, também se permitem falar dos medos e das fantasias que são gerados. Isso abre a possibilidade de que a terapeuta possa interpretar o que estão vivendo, para que consigam se haver com esse momento de vida.

Aparecem indícios de que a estrutura familiar inconsciente está sendo modificada pelas mudanças, embora com muitos temores e fantasias de perdas radicais; todavia, sabemos que só na possibilidade de mergulhar nos afetos que a situação desperta é que conseguirão se apropriar da situação e deixar-se modificar. Seria esta uma forma de se fazer donos da situação e serem os gestores das mudanças que podem ter, no núcleo familiar.

Ir ao colégio geralmente representa uma etapa de separação dos pais, da casa familiar e o ingresso em um espaço terceiro de abertura ao social e à cultura, mas, nesse caso, adiciona-se aos medos esperados o fato de que se trata de uma escola estrangeira em um país desconhecido. Por tudo isso, a angústia da separação é um afeto que os invade. Nas palavras da mãe, aparece a resistência a acolher as diferenças que corresponde ao mergulho na cultura brasileira.

Apresentam uma configuração familiar habitada pelo medo da separação e pela angústia que o desconhecido desperta neles, mas, por outro lado, eles se aventuram e mudam de país, de escola e de língua. Os medos não impedem que tomem suas decisões para operar frente à realidade na direção escolhida. Encontram-se em uma fase intersubjetiva do processo de aceitação da mudança de país e de cultura. Nesse processo, tentam construir um continente no qual possam ser eles mesmos e, além disso, não se modificar fora dos seus próprios desejos.

Na hora em que a mãe relata a necessidade de se abrir para aprender português, procura um grupo de iguais a ela, "estudar português em um instituto com argentinos". Isso expõe um paradoxo: por um lado, reconhece que precisa abrir-se a uma nova língua desconhecida para poder, assim, acessar a cultura do país de expatriação, mas, por outro, procura seus iguais argentinos. Demonstra o medo de ser afetada pela experiência e pela cultura brasileira, aprendendo entre um grupo de iguais; parece tentar controlar as possíveis variáveis que poderiam modificá-los, fantasiando que isso seja possível. Aprender uma nova língua implica reconhecer o estrangeiro do outro e tentar se juntar a novas ferramentas que viabilizem a comunicação com o diferente, contudo, eles propõem fazer isso entre iguais, entre argentinos. Assim, a nova língua não se configura como um veículo para comunicar-se com o diferente e desconhecido da cultura de expatriação, mas como um movimento de aproximação para ficar perto dos iguais argentinos. Esse movimento familiar está cheio de paradoxos que impedem a entrada do diferente e *"ajeno"* da cultura brasileira. Denota a fase do processo de adaptação pela qual estão transitando.

Talvez Lola Maria ponha em palavras o medo por uma certa perda de identidade, depois de ter atravessado tantas mudanças primeiramente dentro da Argentina, depois no Brasil. Isso pareceria expor o medo de perder a própria essência, após morar em tantos lugares. Desenha, assim, um movimento defensivo que tenta preservá-los frente a tantas mudanças. Parecem mostrar a dificuldade que eles têm para aceitar que estão em um país estrangeiro, o qual só poderão descobrir aventurando-se e abrindo-se à cultura do lugar. A busca por perpetuar a própria cultura poderia congelá-los e imobilizá-los no tempo passado, como se eles não estivessem morando no Brasil e como se a mudança não tivesse acontecido. No entanto, essa condição é própria do processo intersubjetivo que os sujeitos expatriados têm que perpassar, tendo que desenhar um movimento de ida e volta do familiar conhecido ao desconhecido e "*ajeno*", como forma de aplacar os medos que a adaptação a um novo país desconhecido desperta neles.

*Luís Pedro: Eu sou analista de sistemas, expatriado, e a empresa nos trouxe porque querem se internacionalizar. Mas sabe o que sinto? Os brasileiros querem ser internacionais, mas são ah! [expressão de repulsa e irritação], por exemplo: enviaram uma quantidade grande de formulários para preencher antes de vir ao Brasil e depois ninguém os leu, ou os perderam. Recebi uns novos documentos para preencher e pensei: "Outro trabalho feito à toa para ser jogado no lixo, não vou fazer". Estou na fase da expatriação em que já passou a novidade e estou de "saco cheio", me desculpe o palavrão.*

*Terapeuta: Dá para ver que você está incomodado com o jeito dos brasileiros e com o Brasil.*

*Luís Pedro: Sim.*

*Lola Maria: Eu trabalhava na área de publicidade em Buenos Aires, mas aqui não trabalho. Pensei em fazer teatro ou algum trabalho social.*

*[As filhas desenham o tempo inteiro, em silêncio. A terapeuta se aproxima e pergunta sobre os desenhos, e elas vão relatando.Rosário começa desenhando com caneta vermelha uma cachorra com olhos assustados e uma fonte com um passarinho (Figura 6.19). Olívia desenha uma menina colorida que esconde as mãos (Figura 6.20). Rosário desenha com caneta vermelha uma menina que corre, um sol e uma flor, todos com olhos assustados (Figura 6.21). Olívia desenha três flores e quatro corações em cadeia (Figura 6.22).]*

*Terapeuta: Os desenhos que vocês fizeram, até aqui, têm todos olhos assustados, estão correndo, fugindo, olhando para o lado desconfiados, escondendo as mãos, talvez com medo das mudanças e do país novo que o Brasil é para vocês. A solução parece estar no desenho da Olívia, que faz quatro corações em cadeia, como se fossem vocês quatro unidos, para se proteger, mas sem possibilidades de se separar, se diferenciar e conhecer, cada um de seu jeito, o país novo.*

*[Olívia faz contas, rabisca várias folhas, faz estrelas, corações, flores, tudo colorido (Figura 6.23). Rosário desenha um cachorro com caneta vermelha, no verso do desenho de Olívia (Figura 6.24).]*

*Terapeuta: Nesta folha, vocês se unem muito mais, a ponto de não conseguir se diferenciar, não se sabe qual desenho é de quem, já que usam a mesma folha. Será que está proibido se separar?*

*[Rosário desenha com caneta preta e pinta, com canetas coloridas, três flores, duas iguais dos lados, uma diferente no meio e o sol grande; sobre a terra há muitas formigas pequenas e duas grandes, no meio, aos pés da flor diferente (Figura 6.25).]*

*Figura 6.19 Desenho de Rosário em folha pequena,
feito com canetinha vermelha.*

*Figura 6.20 Desenho colorido de Olívia em folha pequena,
feito com canetinha vermelha.*

Figura 6.21 Desenho de Rosário em folha pequena,
feito com canetinha vermelha.

Figura 6.22 Desenho colorido de Olívia em folha grande.

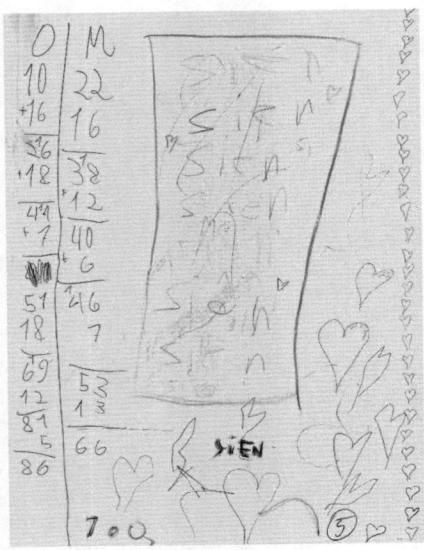

*Figura 6.23 Desenho colorido de Olívia em metade da folha grande.*

*Figura 6.24 Desenho de Rosário, feito com canetinha vermelha,*
*no verso do desenho de Olívia.*

*Figura 6.25 Desenho colorido de Rosário em folha grande.*

*Terapeuta: Acho que Rosário está me respondendo com este novo desenho, no qual vejo três flores que parecem as três mulheres da família, a mãe está no meio e é diferente das filhas que estão uma de cada lado, parecidas, mas não idênticas; e aqui está o sol, que simboliza o pai, que as ilumina e olha de cima. Todos juntos no mesmo desenho, igual à família de formigas que estão na terra – os pais são as maiores e os filhos, as menores. Todas as famílias juntinhas.*

O pai traz os desencontros que sente ter com os brasileiros e se diz incomodado com as condutas diferentes das de seu país; fala dos afetos negativos que isso suscita nele, gerando um conflito interno entre ambas as culturas. Encontram-se chateados com a cultura brasileira, por isso depreciam o país, devido aos pedidos inúteis que recebem e frente aos quais se sentem desrespeitados e não ouvidos. Eles vieram incomodados com o país, mas, por outro

lado, tomaram a decisão de vir e aceitar a oportunidade para trabalhar aqui.

As filhas não verbalizam o que estão vivendo, todavia, fazem
uma profusão de desenhos para expressar de forma gráfica o processo pelo qual estão passando. Os olhos dos desenhos são esquivos, com um caráter paranoide, demonstrando medo e escondendo esses afetos, para não mostrá-los. O medo impede que aflore a
curiosidade para conhecer o novo que se apresenta a elas, de forma
que todo o diferente suscita medo e desconfiança. As filhas respon-
dem ao mandato familiar de ficar juntas, desenhando uma no aves-
so da folha da outra, muito próximas, para não se deixar modificar
pela cultura brasileira.

Os desenhos são bem elaborados, trazem uma rica produção
gráfica, a qual expressa o que estão sentindo nesse momento, expondo um rico mundo imaginativo.

Rosário, na Figura 6.19, desenha-se como uma cachorra. Olívia, na Figura 6.20, desenha-se como menina muito colorida, mas
com as mãos escondidas e os olhos esquivos. Na Figura 6.21, Rosário desenha uma menina correndo para se encontrar com uma flor
grande, que não a olha: a flor parece estar observando o sol; tanto
a flor quanto o sol observam de soslaio. Olívia, na Figura 6.22, desenha três flores que podem simbolizar as três mulheres da família, duas estão juntas e outra separada, e, do lado, aparecem todos
como família, "grudados", com formato de corações em cadeia. A
terapeuta interpreta os desenhos a partir de um olhar vincular que
os engloba intersubjetivamente como família, e as meninas res-
pondem à interpretação de forma gráfica. Na sequência, depois da
interpretação da terapeuta, Olívia, na Figura 6.23, modifica a sequência de desenhos figurativos que vinha fazendo, riscando agora números e contas, como que racionalizando. Rosário, no verso
da mesma folha, faz uma cachorra com mais caracteres animais e

menos humanos, em comparação com a que tinha feito no início. A interpretação parece ter modificado o discurso familiar, e a resposta apresenta-se na mudança de estilo dos desenhos.

Em razão da nova interpretação da terapeuta, na Figura 6.25 Rosário responde de modo gráfico, desenhando duas famílias no mesmo *habitat*, uma família de formigas e outra formada por três flores e um sol. Pareceria concordar com a interpretação que foca no mandato familiar para ficar sempre juntos e na dificuldade que isso produz neles, na hora de se separar.

*[Olívia enche uma folha grande com estrelas, em lápis preto, e as pinta de amarelo e azul dos lados (Figura 6.26). Do outro lado da folha, desenha um rio com dois peixinhos vermelhos, de um lado, e uma estrela, do outro lado do rio; no meio do rio tem um sol grande, o qual cobre de amarelo e laranja a metade da folha (Figura 6.27). Rosário desenha com caneta preta duas cachorrinhas. Uma delas está chorando e está de mãos dadas com outra cachorrinha (Figura 6.28).]*

*Luís Pedro: A cachorra está chorando?*

*Rosário: Está. [Os pais se entreolham, surpreendidos pelo fato de a cachorra estar chorando.]*

*[Olívia desenha um sapo colorido dentro de uma poça de água, e diz "O sapo está feliz" (Figura 6.29). Rosário começa a desenhar uma história em quadrinhos, e Olívia conta a história (Figura 6.30). No verso da folha anterior, desenha a loja onde compram o casaco, vemos a vitrine que oferta o casaco e a cachorra que sai vestindo o casaco novo. E escreve: "Fim" (Figura 6.31). Depois, Olívia desenha outra história em quadrinhos e Rosário a conta (Figura 6.32).]*

*Lola Maria: O sapo está na água?*

*Olívia: Está faltando uma coisa. [Desenha uma boca aberta sorridente.] O sapo está feliz.*

*Figura 6.26 Desenho de Olívia.*

*Figura 6.27 Desenho colorido de Olívia em folha grande no verso do desenho anterior.*

*Figura 6.28 Desenho de Rosário em folha pequena.*

*Figura 6.29 Desenho colorido de Olívia: "O sapo está feliz".*

*Figura 6.30 Desenho de Rosário em folha pequena.*

*Figura 6.31 Desenho de Rosário no verso do desenho anterior.*

*Figura 6.32 Desenho de Olívia em folha pequena.*

*Luís Pedro: E você, Rosário, que está desenhando?*

*Rosário: O tubarão rasgou o casaquinho da cachorra.*

*Lola Maria: O casaquinho pode ser substituído.*

*Luís Pedro: Mas era o casaquinho favorito da cachorra.*

*Lola Maria: Minhas filhas são sempre assim, se complementam, uma desenha e a outra escreve os contos. Elas agora estão preocupadas com a cachorra, que está com sinusite.*

*Luís Pedro: Estão fazendo acupuntura para cachorros nela.*

*Rosário [relata um conto]: A Turma da Cora. Cora foi de avião para o Brasil; quando chega lá, vai para o rio e um tubarão come o casaco dela, então, ela vai ao shopping e compra outro casaco [assinala a primeira história em quadrinhos]. Aqui comprou o casaco.*

*Terapeuta: Olívia, você desenha um rio e Rosário faz o conto do rio: sabem que me fazem pensar na cidade em que vocês moram agora, Rio de Janeiro, tem um grande mar aqui.*

*[As duas meninas riem e aprovam.]*

*Terapeuta: Vocês falam de coisas que perderam ao vir morar aqui, umas se recuperam, outras não, mas ganharam coisas diferentes que vocês nem sabiam que existiam.*

Olívia, a partir das Figuras 6.27 e 6.28, começa a contar a história da vinda deles para o Brasil, especificamente a cidade do Rio de Janeiro; faz isso quando introduz nos desenhos um rio à margem do qual há dois peixinhos iguais e, na outra margem, uma estrela, com um sol que os ilumina a todos. Assim, começa a relatar o percurso afetivo e vincular que implicou para eles a vinda à cidade que fica do lado do mar. Por momentos, os desenhos de Olívia parecem menos elaborados, mas é ela que dita o caminho e as mudanças no discurso familiar por meio de seus desenhos no encontro terapêutico. Rosário desenha figuras mais estruturadas, atribuindo às vezes características humanas às cachorras.

Frente ao desenho do rio, as meninas começam a pôr no papel os afetos que a mudança operou nelas. Rosário desenha duas cachorras de mãos dadas, uma das quais está chorando. Isso faz com que os pais compreendam que os desenhos representam o que estão sentindo sobre a experiência de expatriação, não transmitindo isso por meio da palavra, mas de maneira gráfica, de um modo diferente do deles, e fazendo parte do discurso vincular sobre o percurso familiar; por isso, olham-se surpreendidos. Depois do desenho de Rosário, em que expressa dor (lágrimas), Olívia tenta aplacar esse sofrimento, desenhando um sapo que, além de ter um sorriso no rosto, afirma verbalmente e escreve que "está feliz".

Olívia parece ser a voz familiar que consegue se arriscar e se aproximar da dor, para expressá-la e compartilhá-la com sua família, e, quando isso parece não ser possível, esquematiza números e contas, como forma de recorrer à racionalização como defesa que obstrui a dor pelas perdas e a mudança de país. Por um lado, expõe os afetos claramente e, por outro, tenta contê-los para que não os inundem. Rosário estrutura uma história gráfica e verbal para dar conta do processo vivido.

Quando a mãe questiona Olívia sobre o sapo, ela rapidamente responde aos pedidos maternos, mencionando a "falta" e adicionando uma boca sorridente como forma de assegurar sua felicidade. O sapo, ao estar na água, remete ao universo materno de modo regressivo – e é justamente isso que Olívia precisa reafirmar à sua mãe. O sorriso e a afirmação sobre estar feliz parecem querer obstruir aquilo que falta.

O pai parece abrir a possibilidade de falar sobre a dor ao inquirir Rosário sobre seu desenho, habilitando-a a pôr em palavras aquilo que fica "rasgado e quebrado", sem possibilidades de ser reparado. Entretanto, a mãe interrompe o caminho de abertura aos afetos frente à dor pela perda que o pai abriu, intercedendo na fala, tentando obstruir a menção àquilo irreparável. Lola Maria diz que o "casaquinho pode ser substituído", como se um objeto conseguisse se sobrepor à perda, anulando-a. Traz a possibilidade de repor o que foi perdido, como se não permanecessem marcas pelo perdido, tentando assim recorrer a uma reparação maníaca que permita obstruir o que ela não consegue tolerar afetivamente.

Este é um momento de virada no discurso familiar, já que o pai se encarrega da função paterna, habilitando a entrada da dor pelas perdas vividas, no discurso conjunto e na interação com as filhas. Luís Pedro quebra o discurso endogâmico de fechamento familiar para habilitar uma abertura por meio do compartilhamento da dor pela perda e pondo-a em palavras com um discurso que libera as filhas para abrir seus sentimentos e expô-los no seio da família. Quando o pai diz compreender a dor que Rosário põe em palavras, aludindo a que se tratava "do casaquinho favorito da cachorra", abre um espaço para trabalhar os afetos que aludem à dor pelas perdas vividas. Podemos considerar este como um momento importante de mudança no discurso familiar, porque aparece uma abertura que habilita as filhas a falar daquilo que as magoa e a pensar como tentar elaborar esse momento, na aceitação daquilo deixado para trás que não anula a dor e permite que seja compartilhada. O casaquinho devolve a Rosário parte da perda do país de origem, pois seria como trazer com ela um pedacinho do país dela, mas o tubarão ataca e quebra o casaquinho que poderia reparar e outorgar amparo, em função do perdido.

Aparece agora uma personagem que até aqui estava oculta: a cachorra deles, que veio junto da Argentina. A cachorra Cora ocupa um lugar importante na família, já que representa um vínculo afetivo do passado que os acompanha nas viagens. Cora parece ter a função de dar aconchego e, ao mesmo tempo, ajudar a matar as saudades do deixado para trás, no país de origem. Mas a cachorra está doente, e isso parece ser um motivo de preocupação que todos tentam solucionar, por meio da acupuntura ou com algum tratamento que devolva a saúde a esse animal de estimação familiar. A cachorra é agora a protagonista do conto que Olívia desenhou e Rosário relata.

Na viagem para o Rio, Cora faz o mesmo percurso que a família: de avião, carregando bagagem, subindo e descendo do avião. Ao chegar, ela vai à praia, e ali ocorre o problema: aquele que era seu casaquinho preferido é comido por um tubarão que estava escondido no rio e que aparece para tirar dela aquele objeto que lhe trazia lembranças da Argentina. Nesse momento, Cora chora frente à perda e tenta a repor no shopping da nova cidade, mas, no desenho, o shopping está de portas fechadas. Apesar disso, Rosário afirma que ela conseguiu comprar o casaquinho. Por um lado, ela se permite fazer saber aos pais que as perdas a afligem e, por outro lado, pretende repor a perda no shopping. Contudo, o que parece importante é que o conto se intitula "A turma de Cora", ou seja, que eles são um grupo familiar e que mutuamente se acompanham e apoiam; a despeito das perdas, não estão sós, e sim na mútua companhia. No verso da folha anterior, desenha duas cachorras, uma sem cabeça, nem pés, nem mãos, e escreve: "Fim" (Figura 6.31).

No verso da história em quadrinhos, Rosário desenha a loja em que compram o casaco, aparece a vitrine e a cachorra que sai vestindo o casaco novo. Ela escreve a palavra "Fim". Pareceria expressar como gostaria de pôr fim a essa situação de dor. As meninas são as que sugerem comprar o casaquinho novo no Rio, de sorte que trazem o bom do viver no Brasil como forma de elaborar a situação de perda, para começar a vida nova. Elas conseguem tirar os pais da dor e do lamento pelo luto.

As filhas confirmam que estão compartilhando, na família, o que as mudanças têm levantado afetivamente nelas, o que produz uma mudança no discurso materno.

*Lola Maria: Até a cachorra Cora adora o Brasil, come as cascas do mamão que a gente dá para ela, e o coração da maçã.*

*Rosário: Eu conto a segunda história em quadrinhos. Olívia tem um gato que estava dormindo no avião vindo para Brasil e uns ratos o estavam procurando; o gato quis agarrar os ratos, mas eles escaparam. Quando o avião aterrissou, o gato estava feliz, mas os ratos foram ao mesmo hotel que eles.*

*Luís Pedro: Eles vão ter que aprender a viver juntinhos, o gato e os ratos.*

*Terapeuta: Vocês estão falando de uma experiência de vida de aprendizado e como é difícil aprender a lidar com o diferente.*

Lola Maria põe em palavras pela primeira vez, por meio de Cora, as coisas que o Brasil oferece para eles aproveitarem, mencionando os frutos que degustam aqui. No resgate dos aspectos positivos, talvez estabeleça um elo entre o casaco perdido da Argentina e aquele que podem comprar aqui, na terra de expatriação, que de alguma forma lhes permite estar agasalhados e recuperar, dessa maneira, o calor perdido de um modo diferente.

O pai também consegue fazer essa virada quando traz a necessidade de aprender a lidar com a rivalidade entre Brasil e Argentina e aprender a viver juntos "numa boa", assim como o gato e os ratos. Traz a necessidade de repensar a rivalidade entre gato e ratos, para ser integrada no cotidiano da expatriação deles.

As filhas conseguiram reverter o discurso familiar e abandonar o lamento pela perda e o receio a se abrir ao novo, para achar as coisas boas que o Brasil tem para lhes oferecer. Esse movimento de abertura dos pais vem sendo conseguido por meio das filhas.

Neste ponto, a personagem da cachorra ganha significação. Rosário a trouxe a partir de seu primeiro desenho; Cora era ilustrada, por momentos, com caracteres humanos e, em outras situações, com suas características animais. A cachorra, que os vem acompanhando ao longo do tempo, ocupa um lugar subjetivo na família, como objeto intermediário, na denominação de Kaës, ou objeto transicional, na definição de Winicott. Cora pode ser objeto de projeções de cada um dos membros da família, ao mesmo tempo que é um animal de estimação que faz parte do núcleo familiar e o ajuda na adaptação ao novo, no encontro com novos laços nos lugares de moradia, além de representar a permanência do antigo, da cultura de origem, transformando-se em resguardo da história de vida compartilhada dessa família. Vemos a importância da cachorra como um membro a mais dessa família ao longo do tempo.

Na segunda história, agora desenhada por Olívia e contada por Rosário, repete-se a sequência na qual os participantes são a vítima e o opressor, de forma alternada. Novamente estão viajando para o Brasil de avião, mas agora são gato e ratos. Vemos um gato que fica dormindo na viagem, ocultando aquilo que está reprimido nele, que é a raiva por causa da viagem e a vontade de brigar e pegar seus inimigos. Quando o gato dorme, as vítimas transformam-se em opressores, pois os ratos querem pegar o gato. No entanto, a repressão falha e a situação se inverte: o gato acorda e agora quer pegar os ratos, que conseguem escapar. Por momentos, colocam-se no lugar do ameaçado, sem defesa alguma possível, enquanto, outras vezes, no lugar do ameaçador que avança sobre seus oponentes. Aparecem aqui os sentimentos agressivos reprimidos que a viagem desperta neles e como tentam se colocar em um lugar apaziguador ou de oposição, dormindo. Vemos como o conflito se dirime entre as culturas, situação na qual ora sofrem passivamente, ora atacam ativamente.

Quando parece ter acabado a briga, porque o avião aterrissou e os animais estavam a salvo, o perigo aparece novamente, porque todos vão ao mesmo lugar, que é o hotel. Nesse sítio, aparece a transitoriedade de moradia que os atinge, visto que perderam a casa na qual moravam como lugar conhecido para hospedar-se em um lugar de passagem, que é o hotel, ou seja, sem moradia fixa que os acolha e resguarde. Achando-se sem defesa, frente a um espaço desconhecido, o gato perde forças e fica como perdedor; inverte-se a relação de poder entre o gato e os ratos. O desenho é rico e organizado, com detalhes que ilustram a situação: o gato por momentos está bravo, por momentos triste, por momentos ataca e por momentos fica indefeso, sem possibilidades.

Luís Pedro resolve a situação, dizendo que o gato e os ratos vão ter de aprender a viver juntos, talvez se referindo à briga interna que ele expôs, no início do encontro, entre a cultura brasileira e a cultura argentina. Foi ele quem falou da dificuldade de fazer essa junção e aprender a viver entre diferentes, conseguindo aproveitar aquilo que o país de acolhida lhes oferece, porém, conseguindo ser argentinos morando no Brasil.

Tradicionalmente, o gato e os ratos são rivais, da mesma forma que os argentinos e os brasileiros. Esse caso abre a pergunta sobre o que significa migrar ao Brasil sendo argentinos. Será que isso é possível? Será que conseguirão se sobrepor às rivalidades interculturais, aproveitando a experiência para si mesmos, como momento enriquecedor de crescimento e aprimoramento intersubjetivo? A expatriação lhes impõe um grande investimento subjetivo para conseguir adaptar-se, ao mesmo tempo que buscam conservar suas peculiaridades individuais; no Brasil eles são gatos, mas, na volta à Argentina, vão ter que virar ratos, deixando os brasileiros no lugar de gatos, por sua vez. Essa contínua exigência de alternar, em diferentes lugares subjetivos, ajuda-os a ganhar plasticidade interna e possibilidades de se transformar de acordo com as circunstâncias, porque a situação de expatriação exige deles mudanças internas e a volta ao país de origem também impõe a exigência de se acostumar novamente à cultura de origem.

No final do encontro terapêutico, circulava entre eles um clima de concórdia e alívio, por terem exposto as dificuldades que a situação lhes impunha, ao mesmo tempo que falaram dos ganhos e do positivo que podem guardar internamente, em suas histórias de vida.

Essa família encontra-se no processo de elaboração da inter-culturalidade, que será atingido quando vencerem as resistências e conseguirem se abrir ao novo, apesar de que isso foi conseguido ao longo do encontro. Essas modificações foram percebidas no discurso familiar que foi sendo modificado, indo das perdas até achar os ganhos. Isso já está gerando uma modificação da estrutura familiar inconsciente, ao estar em processo de elaboração do luto pela perda da cultura, mas também pela elaboração da rivalidade entre culturas. Esse processo acarreta a elaboração da diferença marcada pela hostilidade e a rivalidade entre Brasil e Argentina, obrigando--os a negociar para se sobrepor a isso. As filhas parecem estar mais abertas a essa negociação, já que mencionam a possibilidade de repor o casaquinho rapidamente no shopping, porque, no início, os pais estavam reticentes, acreditando que não haveria forma de repor, totalmente embasados pelo luto e por aquilo que o Brasil tinha tirado deles; mas, depois, isso se reverte e conseguem começar um intercâmbio entre o bom e o ruim, para obter um equilíbrio. Parte da resistência a aceitar o positivo que o Brasil lhes providencia vem do medo que eles têm de se iludir com os ganhos, como se fossem deles, e não saber o que fazer depois, quando voltarem a seu país. Aceitar o Brasil significaria passar por cima da rivalidade cultural para conseguir gerar uma abertura para a possibilidade de escrever uma história familiar criativa e de aproveitamento da nova experiência de vida.

# 7. Considerações finais

*De onde vem o beija-flor? Não existe uma única resposta*
*pra essa pergunta, elas são muitas. A cada cultura, a cada*
*língua, uma história, uma forma de entender a vida.*

Yaguarê Yamâ, 2012

Este trabalho possibilitou pensar os processos psíquicos do sujeito contemporâneo. Para tal finalidade, discutimos questões referentes à população de expatriados – com a qual escolhemos trabalhar – como aquela que permite explicitar melhor a subjetividade atual. As conclusões a que chegamos implicam um trabalho abrangente, que vai além da população dos expatriados em si. Estamos nos referindo aos sujeitos da hipermodernidade, pós-modernidade ou capitalismo avançado, como alguns autores mencionam. Os expatriados aparecem como aqueles sujeitos mais afetados por essa forma de vida do mundo globalizado, como nômades contemporâneos, nos quais se vê, de modo mais evidente e amplificado, esse transcorrer contemporâneo. Todavia, todos nós, sujeitos do século XXI, somos afetados por essa forma de habitar o planeta, estando assim todos comprometidos pelos processos de globalização do mundo atual.

O psicanalista e sociólogo John Clare (2004) sublinha algumas ideias sobre a aventura da migração. "A chegada a um lugar estrangeiro tem a qualidade do sonho. A nova língua/localização coloca o indivíduo em um espaço intermediário entre o lar e a intensidade e vivacidade da vida em uma nova cultura" (p. 14). O autor nos põe em contato com uma forma de ganho cultural, reservada àqueles que consigam arriscar-se frente ao novo que as culturas acordam em nós, inseridos no mundo planetário e cosmopolita.

A presente reflexão afunila o devir contemporâneo, centrando-se nos sujeitos expatriados. O processo de expatriação, por um lado, se associa aos ganhos, tanto financeiros quanto de plano de carreira e experiência de vida, do expatriado funcionário da empresa multinacional; mas, por outro lado, esse expatriado abandona o país de origem, as raízes nas quais foi criado, o contexto cultural do qual faz parte, o contexto da família estendida que o acolhe, a língua materna para se comunicar etc. A face que as empresas mostram de modo manifesto, na hora da contratação, aponta para os ganhos e as vantagens da experiência, porém, o que fica oculto por trás da oferta de ganho financeiro são as perdas a ela inerentes. O ganho financeiro apareceria como uma forma de compensar o que é perdido, mas tal oferta seria uma falácia, por afirmar que se pode substituir por um ganho material uma perda subjetiva.

Contudo, ao lado das perdas, também podem surgir os ganhos subjetivos, já que cada família construirá uma experiência singular nessa procura que representa um processo criativo para gerar uma forma de melhor usufruir da experiência e se enriquecer subjetivamente. Judith Szekacs-Weisz (2004) salienta "[...] quão essencial um segundo olhar pode ser, que permita fazer um balanço do que foi perdido e do que foi encontrado, ao longo da passagem pelo deslocamento de um país, de uma língua e uma cultura para outra" (p. 27).

Trata-se de migrações temporárias, mas isso não exclui o sofrimento que toda migração implica pelas perdas e dificuldades, para se situar e se nortear no novo contexto, estranho e desconhecido. Um longo processo de conhecimento e reconhecimento do território de imigração deve ser feito pelo expatriado, tanto internamente quanto externamente, no ambiente a ser habitado. O deslocamento migratório tem um preço subjetivo a ser pago, e é por isso que Kathleen Kelly-Lainé (2004) menciona que

> [...] o aprendizado da língua do exílio significa ter que lidar, viver com, e tentar reparar a perda e aceitar se constituir em um "estrangeiro", "foreigner", "étranger" (palavra que, em francês significa estrangeiro e também estranho e bizarro). Ser um estrangeiro significa "não ser" como os outros. (p. 7)

A condição de ser estrangeiro pode obstruir o crescimento ou permitir ao sujeito uma elaboração e transformação psíquica e vincular, dependendo de cada caso específico.

Do ponto de vista psicanalítico, sabemos que toda escolha traz consigo uma perda, porque, no momento em que o sujeito opta por mudar de vida e espaço de trabalho, deixa de dar continuidade ao percurso de vida que estava tendo. Dentro do espectro das perdas, bem sabemos que temos um leque importante de formas com que os sujeitos conseguem atravessar essa situação e elaborar o processo. Alguns sujeitos conseguem construir uma experiência subjetiva que os faz crescer e aprimorar aptidões que não sabiam que tinham, enquanto outros podem ficar fixados nas perdas, sem apresentar possibilidades para sobrepor-se a elas. Consideramos que o espectro nas maneiras de se encarregar da experiência de expatriação pode caminhar de uma experiência de enriquecimento pessoal e vincular ao limiar do traumático, do ponto de vista psicanalítico.

Entendemos o processo de expatriação como um processo vincular em que os sujeitos constroem um modo de vivenciar a experiência do laço social, com o casal e a família que os acompanha, por um lado, e com a empresa que os traz a terras estrangeiras e os recebe nelas, inserindo-os na cultura do país anfitrião, por outro. Do trânsito dos vínculos depende o modo como a expatriação será vivida pelo grupo familiar, tanto a experiência exitosa quanto a fracassada. Somente nos vínculos do casal e da família é que se joga o processo de expatriação como um espaço de novidade e criação de vida ou de fratura e falha subjetiva, para transitar e viver a experiência.

Nos três espaços psíquicos, reconhecemos diversos tipos de conflitos e formas de lidar com eles:

1. *No espaço transubjetivo*: a perda das metagarantias e do conhecido entorno sociocultural que outorga apoio e reconhecimento, assim como as normas que indicam o permitido e o proibido; diante da mudança do social cotidiano, os sujeitos precisam fazer uma nova descoberta subjetiva, no país estrangeiro. A perda da posição social que tinham no país de origem; em face do estrangeiro da cultura do país de expatriação, sentem-se excluídos e também se excluem reciprocamente; apresentam resistências a abrir-se ao social, por medo de perder a identidade da nacionalidade de origem;[1] depreciam a cultura brasileira, para sustentar e ficar aderidos à cultura do país de origem; sentimento de solidão, por

---

1   Mencionam o perigo de gerar "[...] uma confusão, já que você acaba achando que você é o que (ou quem) você não é".

desconhecer as pessoas, e saudades do entorno do país natal;[2] vulnerabilidade social no país estrangeiro; resgate de valores religiosos que os acompanham e amparam, independentemente do país em que vivam.[3] Também, se defrontar com esses conflitos acaba sendo uma experiência de ampliação das possibilidades de lidar com diferentes culturas e escolher para si aqueles aspectos que sejam relevantes para os sujeitos de diversas culturas. Ampliam-se, assim, nos sujeitos, as marcas do espaço transubjetivo como espaço de inscrição do social e do cultural.

2. *No espaço intersubjetivo*: nos vínculos familiares, surgem divergências políticas, achando-se integrantes de partidos opostos dentro da mesma família; resistência de alguns membros a se abrir à mudança, por medo de permitir modificar-se, quando outros conseguem fazê-lo, chegando até ao fracasso da experiência e à volta ao país de origem; desacordos e questionamentos sobre a que nacionalidade as famílias serão fiéis, se à brasileira ou à do país de origem; antigos conflitos familiares não elaborados que se reeditam e contradizem a fantasia de que, na expatriação, poderiam desaparecer, gerando brigas familiares até chegar à ruptura familiar; dificuldade em aceitar o *"ajeno"* do outro no núcleo familiar; frente à angústia da separação da família, desmontam vínculos familiares para criar novas conformações familiares que mitiguem o desmembramento familiar, unindo três gerações na convivência, o que gera brigas familiares.[4] Modificação da maneira de morar, que, no país de origem, era junto aos pais,[5] possivelmente sem discriminação das gerações, e, no Brasil, os expatriados

---

2  Apontam que "[...] aqui não conheço ninguém, estou sozinha".

3  Uma expatriada diz: "[...] Sinto-me acompanhada pelos valores da religião católica".

4  Dizem que "Os primeiros seis meses foram difíceis para minha família".

5  Nomeiam-se como "mameros", ficando muito dependentes das mães, apesar de terem constituído uma nova família.

passam a ser independentes, constituindo-se como núcleo familiar, tomando as rédeas da própria família.[6] A experiência de morar longe das famílias de origem também permitiu que algumas famílias se consolidassem como tais, escolhendo como gostariam de se relacionar e abandonando, por livre escolha, algumas formas de relacionamento que pertenciam mais às famílias de origem e menos às famílias atuais deles. A distância geográfica dos vínculos infantis pode providenciar e ser utilizada como enriquecedora de novos vínculos criados com maior criatividade e possibilidade de escolha.

3. *No espaço intrassubjetivo*: intrapsiquicamente, podem aparecer mecanismos de defesa por causa da mudança, como: negação da situação atual, ou uma recusa a aceitar a nova cultura e ficar dessa forma fechado e aderido à cultura do país de origem; de acordo com o momento vital de cada sujeito, a expatriação pode ajudar a progredir na mudança subjetiva ou torná-la mais difícil; geram-se situações de confusão da identidade, por causa das mudanças;[7] um encontro com aspectos pessoais desconhecidos que a mudança desperta e consegue que os sujeitos se façam donos do próprio desejo.[8] Cada constituição subjetiva habilitará ou inibirá a possibilidade de se modificar frente às situações de novidade que morar em outro país proporciona.

No trabalho, analisaram-se, em cada família, quais marcas aparecem em cada espaço psíquico, mas, de acordo com o conceito de aparelho psíquico de três espaços psíquicos, tais espaços estão em

---

6   Afirmam: "[...] aqui consigo ser o pai de nossa família, você compreende?".
7   Um sujeito diz: "[...] eu era... sou mecânico de aviões".
8   Uma expatriada analisa: "[...] Eu sou muito cristã e descobri isso ainda mais no Brasil".

interação e se superpõem, não podendo existir um se o outro não existir; funcionam em influência mútua.

## A migração se desfaz e/ou evolui e/ou se modifica?

A questão que caberia nos perguntar é: quando poderíamos dizer que o migrante consolida sua migração? Em algum momento ele deixa de ser um imigrante?

Quando o migrante começa a sentir que faz parte do país de migração, isso implica que alguma modificação subjetiva começa a tomar conta dele, apesar de jamais perder as marcas de sua origem, por ter nascido, crescido e se constituído em outra cultura. Talvez isso constitua um paradoxo eterno entre o lugar do migrante e o do cidadão não migrante. Os expatriados, como nômades contemporâneos, representam uma amostra desses sujeitos, eternos itinerantes, andarilhos pelo mundo, à procura de uma marca que os identifique e os institua; não estamos nos referindo somente ao expatriado, mas igualmente ao sujeito contemporâneo atual.

Susana Seidmann salienta que o êxito de uma migração depende da integração ao cotidiano do país de migração; isso pressupõe que o migrante se insira nas estruturas sociais do país receptor, que mude aqueles que são os *outros significativos* e que esse mundo social que o rodeia lhe outorgue reconhecimento. Isso virá a acontecer, na medida em que os sujeitos migrantes consigam aceitar os outros no país de migração, dando conta de realizar um processo de trânsito entre uma cultura e outra. A migração bem-sucedida também implica uma mudança na visão de mundo. No entanto, o sujeito constitui-se em função de um conjunto de identificações culturais e vinculares, pertencentes tanto à sua cultura de origem quanto às culturas pelas quais transitou e que o marcaram subjetivamente. Estamos falando de um sujeito intercultural que se define como pertencente a várias culturas. Isso não significa que esse sujeito adere completamente às culturas, mas que, a partir da sua própria construção da interculturalidade, consegue fazer suas as partes de cada uma das culturas pelas que transitou, estruturando uma rede interna que diz respeito às marcas culturais. Na construção da interculturalidade, no espaço intersubjetivo, combinam-se representações vinculares, seja dos sujeitos marcantes do novo país, seja dos outros significativos do lugar de origem, que não se abandonam, só se acrescentam uns aos outros. Aludimos a uma rede vincular própria composta por marcas vindas de diversos outros significativos pertencentes a diferentes culturas. A interculturalidade aparece aqui como uma trama feita de retalhos na qual se unem e se entrelaçam as diversas marcas simbólicas culturais que cada sujeito escolhe dentro dele, transformando-o. A psicanalista polonesa Eva Hoffman (2004) compartilha que "[...] o apego à primeira língua e o apego à origem, se você pode transportá-los com sucesso de um lugar ao outro, são a fonte de apegos posteriores, os quais permitem que você venha a amar novos mundos, e amar o mundo de novas maneiras" (p. 65). Assim, define e delimita o que nomeamos, na presente pesquisa, como o sujeito intercultural.

Nesse processo, influem os vínculos com o grupo primário, a família e o grupo de pares e colegas em geral, que possam acompanhar o migrante a fazer parte dessa nova cultura grupal no país receptor. Só dessa maneira os sujeitos poderão constituir uma nova identidade cultural que opere como protetora daquela identidade antes ameaçada pela mudança de país. Esses sujeitos deverão ter a opção interna de criar uma *cultura migratória*, como um marco de significados dentro do qual migrar seja uma possibilidade a ser cumprida. Colaboram na construção dessa cultura migratória os aspectos específicos do lugar de migração que devem ser integrados nessa nova construção cultural.

> *Para migrar, o sujeito deve contar com pontos de re-*
> *ferência concretos no lugar de destino, pessoas que o*
> *conectem com a estrutura ocupacional, figuras de con-*
> *tenção emocional que o recebam e lhe reafirmem sua*
> *identidade e sua razão de ser. (Seidmann, 1990, p. 5)*

Vemos como, nessa migração consolidada, se alargam as possibilidades de interação com diversas culturas, línguas, pessoas, assim como a vivência interna de cultura ampliada, além da cultura da terra de origem. Nesse processo de criação de uma estrutura cultural nova, os sujeitos vão construindo pontes que lhes ajudam a ir e vir, a sentirem-se partícipes de várias culturas, por meio do sentimento de pertencimento. Só na elaboração do afastamento simbólico da cultura de origem se pode criar um novo espaço transubjetivo que dê lugar a um novo tecido cultural de elaboração e transformação do apreendido anteriormente. Estamos desenhando, assim, um espaço que amplia a bagagem cultural nos sujeitos, já que começam a tecer dentro deles uma nova trama intercultural, a partir das trocas e interações com várias culturas. Mas essa estrutura é uma construção que cada sujeito irá armando dentro de si: a *identidade intercultural* será uma produção própria e inédita de cada sujeito, sob a influência de diferentes culturas. A constituição dessa identidade intercultural está em contínua transformação a vida toda, naqueles sujeitos que conseguem apreender e se fazer donos daquilo que as diversas culturas oferecem, somando à sua constituição intersubjetiva intercultural.

Poderíamos considerar essa nova instância como uma nova cultura, integradora e transformadora dos três espaços psíquicos, construída pela interação entre várias marcas culturais, que estrutura um novo espaço subjetivo de ampliação cultural que chamamos *interculturalidade*.

Teríamos que estabelecer a diferença entre um processo migratório definitivo e um processo de migração temporária, como a expatriação de sujeitos contemporâneos que decidem ter esse estilo de vida. A diferença centra-se em que, na migração definitiva, os migrantes se trasladam de país por um tempo ilimitado, enquanto, na expatriação ou migração temporária os expatriados migram por um tempo limitado, fixado antecipadamente, de sorte que, quando esse período finaliza, voltam à terra de origem ou aceitam ser expatriados novamente a outro país de destino. A migração definitiva poderia ser representada – tomando emprestado um conceito da geometria – como uma semirreta que tem um começo, um ponto de partida, mas não tem um fim. A migração temporária poderia ser descrita como um segmento de reta que tem um começo e um fim, ou seja, um ponto de partida e um ponto de chegada ou a construção de uma nova semirreta, pela modificação da rota traçada. A diferença fundamental consiste no final da experiência: na migração definitiva, não aparece um tempo de finalização, ao passo que, na migração temporária, os sujeitos ficam sempre pendentes do regresso, desenhando-se assim uma rota de ida atrelada sempre a outra de volta.

A migração definitiva defronta os sujeitos com o país de migração, dentro do qual vão ter que se colocar. A migração temporária ou expatriação – ao estar planejada, desde o início, como uma via de ida e uma de retorno – expõe os sujeitos ao risco de ficarem atrelados à espera da volta e do regresso, não lhes permitindo usufruir o momento de imersão na nova cultura. A perspectiva de retorno instala uma diferença subjetiva na experiência de mudança, o que foi constatado nos casos clínicos apresentados.

À guisa de hipótese, pensamos que essa situação também poderia gerar o efeito contrário, já que o fato de morar provisoriamente no Brasil poderia levá-los a ficar mais à vontade na cultura brasileira, experimentando, protegidos pela ideia da saída. Nesse sentido, o retorno estaria preservando a cultura de origem, e os sujeitos poderiam funcionar como um "falso self", em um "como se" pertencessem à cultura estrangeira, mas não pertencendo. Contudo, isso não se manifestou nos casos clínicos da pesquisa.

## Intersubjetividade na expatriação

Centramo-nos agora nos processos intersubjetivos na constituição da experiência de expatriação.

Os expatriados submetem-se a um intenso e constante trabalho subjetivo, pois oscilam entre vários territórios, várias línguas, várias pessoas, o que os obriga a um trabalho de discriminação e discernimento constante para diferenciar contextos a todo momento. Este seria um trabalho subjetivo de discriminação contínuo entre o próprio e o "*ajeno*", aquilo com o que se identificam e aquilo que os diferencia; um movimento de ida e volta do que lhes pertence e do que nomeiam como estrangeiro. Esse é um trabalho psíquico imposto pela globalização: os trabalhos em vários continentes, o trânsito veloz por vários territórios geográficos, várias línguas, diferentes modos sociais de interagir, diversas formas de comunicação etc. Esse movimento produz uma circulação e um trabalho psíquico de integração a todo momento, das identificações culturais primeiras e das marcas intersubjetivas provenientes dos novos universos culturais; um trabalho de discriminação e montagem contínuo. Esse movimento interno de ida e volta, das marcas da cultura de origem às marcas das novas culturas, obriga o sujeito a criar uma grande plasticidade interna que habilite esse movimento de umas às outras. Jacqueline Amati Mehler ressalta que

> *[...] a organização mental multilíngue "pode" às vezes aumentar a riqueza, plasticidade e o desenvolvimento geral da rede simbólica. A reformulação interna do velho patrimônio psíquico na nova língua representa não só uma simples operação de "tradução" ou "comutação", mas um aumento em seu significado. (Amanti-Mehler apud Amanti, Argentieri & Canestri, 1991, p. 174)*

Nesse contínuo trânsito interno e externo, vai se constituindo uma trama que alberga as diferentes marcas transubjetivas. Mas cada sujeito faz uma escolha pessoal e única dos aspectos culturais que tomará para si e que farão parte desse enramado intercultural. Essas marcas das distintas nuances culturais se entrelaçam, sempre conservando suas diferenças, tendendo, contudo, a se estruturar como rede subjetiva nos sujeitos que nomeamos como interculturais e contemporâneos.

Os sujeitos pertencentes a uma cultura só constroem fronteiras internas que os contêm dentro de uma determinada forma de se desenvolver no mundo e se inserir no social. Pensamos que, frente às migrações, essas fronteiras que operavam como continente se perdem, cabendo ao sujeito criar um novo espaço que lhe permita se sentir amparado, protegido e sustentado, num contexto sociocultural diferente. Esse processo corresponde a uma aceitação da distância imposta pela migração em relação à cultura de origem, para que os sujeitos possam estar abertos a apreender a nova cultura do país de migração. Na expatriação, as fronteiras parecem ser mais lábeis, já que não se dá só uma ida e volta do país de origem a outro país, mas a vários países, com diversas culturas e diferentes inserções sociais.

No processo de criação intersubjetiva desse novo universo intercultural, outro parâmetro a levar em consideração é se os sujeitos expatriados conseguem deixar que o país de acolhida *os receba*, porque só a partir desse movimento é que começaria o processo de interculturalidade. Alguns deles desenvolvem uma forte resistência a aceitar serem modificados por uma cultura diferente da deles, mas, nos vínculos familiares, podem-se ajudar para se sobreporem a essa resistência e se exporem à novidade da outra cultura, ou fracassar na tentativa de viver em um país diferente, uma vez que procuram fazê-lo da mesma forma que o fariam no país de origem. Descrevemos um processo de apropriação e de pertença da cultura de origem, junto ao processo de incluir e tornar próprios modos de circulação social e de compreensão cultural do novo país de expatriação. Esse movimento implica ter acesso à alteridade do outro, pertencente à outra cultura, o que construiria uma novidade na apreensão do diferente a que o outro nos confronta. Essa possibilidade de se defrontar com o *ajeno* do outro e se apropriar dele implica uma ampliação subjetiva para o sujeito intercultural, que se constitui, ele próprio, em construtor de sua identidade intercultural.

Outra das variáveis a levar em consideração é a vivência que os sujeitos trazem do *tempo*. Às vezes, colocam-se olhando somente para o retorno ao país de origem, o que gera uma sensação de parada temporal;[9] outros se sentem forçados a ficar no aguardo do tempo do outro, o que impõe uma adaptação ao ritmo do brasileiro, ainda contra sua vontade; outros, diante das saudades, expressam o desejo de viajar com maior assiduidade ao país de origem, criando

---

9  O esposo da funcionária expatriada destaca: "Mas minhas possibilidades de trabalho são muito restritas, nem como garçom posso trabalhar, não posso fazer nada aqui. Estou atado de pés e mãos".

uma rotina de viagens constantes.[10] No que diz respeito ao ritmo de vida, sentem uma grande diferença: percebem que os brasileiros agem devagar e de modo instável, o que os coloca como estrangeiros, fora desse formato. Também mencionam que os brasileiros vivem com uma melhor qualidade de vida, fato que faz com que os considerem "espertos", no sentido positivo e negativo do termo, ou também como alheios e despreocupados pelas questões dos outros.[11] Algumas famílias sentem o transcorrer do tempo como rápido, pela inserção na cultura brasileira; outros vivem um ritmo devagar, por ficarem fechados dentro da casa, no mundo deles, por temor a deixar-se influenciar pela cultura brasileira. O ritmo é ainda pontuado frente à nova língua, o português, que defronta os estrangeiros a um ritmo de falar que tem a ver com a prosódia da língua; não se trata somente de falar rápido ou devagar, mas da modulação do português. O português, como língua estrangeira, compõe um outro jeito para compreender a interculturalidade. As línguas portam uma acentuação diferente, a qual constitui uma forma de falar peculiar. Lembramos aqui que Freud falava inglês perfeitamente, mas – nas palavras de sua paciente – falava inglês com a entonação alemã; então estaria sempre falando uma língua estrangeira. As marcas primárias de inscrição na cultura por meio da linguagem no país de origem aparecem como eterno resto da língua materna, sede daquelas marcas sem registro que Piera Aulagnier nomeia como marcas pictográficas. A modo dos desenhos achados nas cavernas pelo homem primitivo, são marcas sem inscrição na linguagem, mas que podem ser reconhecidas pelo sensorial, os

---

10 Dizem: "Seria ótimo conseguir viajar para nosso país uma vez por mês para ver a família, abraçá-los, sentir o ser querido, o tom de voz tranquilizador, e depois voltar".

11 "Os brasileiros querem ser internacionais, mas são 'ah' [expressão de repulsa e irritação], por exemplo: enviaram uma quantidade grande de formulários para preencher antes de vir ao Brasil e depois ninguém os leu, ou os perderam."

cheiros, a sonoridade, o formato e tudo aquilo que remeta a uma familiaridade difícil de nomear; em resumo, o *umheimlich* freudiano.

A língua carrega sons peculiares em sua sonoridade, no sotaque a ser utilizado ao falá-la, remetendo à temporalidade no modo de falar e tentar se comunicar, que não pode ser abandonada conscientemente. Alguns autores discutem como a língua se vincula à própria função materna, como um achado primitivo que o sujeito guarda, na forma de sons precoces que remetem a uma volta à terra natal atrelada à língua materna. O estrangeiro aparece, além das palavras, vinculado à sonoridade e ao ritmo, como fator que opera além do simbólico em si.

Diante da exposição a várias línguas, o sujeito intercultural vai se modificando. Nancy Houston e Julia Kristeva questionam as estruturas primárias como somente retidas na língua primária ou língua materna. Eva Hoffman (2004), a esse respeito, enfatiza que

> [...] a integridade das verdades da infância mistura-se com as divisões da dúvida adulta. Quando falo polonês, agora, estou infiltrada e permeada pela declinação do inglês na minha cabeça. Cada idioma modifica o outro, nos cruzamentos de um com o outro, e o fertiliza. Cada idioma faz o outro relativo. (p. 32)

Tem-se igualmente a variante do *espaço* e como os sujeitos habitam e ocupam os espaços onde moram: alguns ficam reclusos em casa, por sentir que o ambiente externo é hostil e perigoso, outros reclamam da perda dos referentes externos que os orientavam nos ambientes conhecidos do país de origem; outros se lançam à possibilidade de inserção nos espaços que os rodeiam como um ganho e decidem explorar o mundo circundante para aprender dele e se inserir no social do contexto do país de expatriação.

Por meio da experiência de expatriação, os sujeitos defrontam-se com a diversidade cultural. Podem não conseguir tramitar afetivamente a mudança de país ou conseguir dita transformação, criando um espaço interno para tramitar as perdas, abrir-se simultaneamente para instituir um espaço para o *novo* da cultura estrangeira, o que se acrescenta à sua experiência de vida como sujeito vincular.[12]

No intercâmbio intercultural, os expatriados tentam estabelecer bordas que discriminem culturas. Na medida em que as culturas estão diferenciadas, podem se estabelecer vários entrecruzamentos entre elas, já que jamais poderiam se dissolver no tão citado mundo global. Dessa forma, seria aberto um leque de possibilidades culturais em interação, sem que umas anulassem as outras, mas estabelecendo uma trama que sustentasse e estruturasse a identidade intersubjetiva dos sujeitos vinculares.

O momento de expatriação:

a) pode ser vivido como uma situação nova de abertura à novidade de uma experiência subjetiva peculiar. Ao ser vivida desse modo, a expatriação em si traz um crescimento para o sujeito vincular e amplia sua experiência de vida. Para desenvolver essa experiência de forma criativa, precisa-se de um ato de ruptura, o qual inclui um processo de luto, uma quebra com a terra natal e com a família estendida de seu entorno de nascença. Só por meio do viver essa perda é que pode ser habilitada a experiência como situação que soma e acrescenta a intersubjetividade do sujeito

---

12 Sujeito vincular é aquele que, por definição, nasce em vínculo. O ponto de partida fixa-se na condição de indefenso originário do *infans*, constituindo os vínculos primevos como vínculos significativos que se tornam inconscientes. Concebemos, assim, um sujeito sempre em vínculo com outros (leia-se o conceito no livro *Famílias monoparentais*, Weissmann, 2009).

vincular.[13] Viver essa mudança permite que não se estruture a expatriação como uma perda irreparável, que nunca poderá ser reestabelecida, mas como uma experiência de enriquecimento subjetivo e vincular;

b) a posição intermediária seria quando aparecem resistências a aceitar as mudanças por parte de alguns membros da família, o que pode levar a situação de elaboração a ficar detida, de maneira que os sujeitos vivam em outro país, tentando reproduzir a forma de viver no país de origem,[14] ou gerar um conflito vincular que, se não consegue ser resolvido, pode provocar uma quebra da experiência de expatriação familiar. Na presente pesquisa, vemos como, nas famílias com filhos/crianças, são os adultos aqueles que empregam esse mecanismo de defesa, frente à dificuldade subjetiva de aceitar a mudança. Nesses casos, no vínculo com os filhos, esse conflito consegue ser elaborado, já que as crianças podem ajudar a tramitar as perdas de forma vincular, situação que habilitaria o acesso à novidade da cultura do país de expatriação. Contudo, nas famílias com filhos adolescentes ou jovens, geralmente são eles que apresentam fortes resistências e, se essas resistências não conseguem ser resolvidas no seio vincular familiar, podem acabar com uma quebra familiar, com membros das famílias retornando ao país de origem e o funcionário expatriado ficando no país de expatriação. Várias são as vivências e as formas de tramitar como morar temporariamente em outro país;

---

13 Nas palavras de um dos sujeitos pesquisados: "Essa é uma etapa melhor para mim, só temos nós três para resolver tudo entre nós, podemos ser mais nós".

14 Uma jovem diz à mãe expatriada: "Eu quero ir embora, quero voltar, quero que você me tire daqui".

c) por outro lado, a experiência pode ser vivida como traumática, quando as famílias não conseguem aceitar a distância em relação à cultura de origem, elaborar o luto para se dispor à nova situação; entretanto, podem viver um eterno luto não elaborado, que aparece como uma queixa constante em cobrança pela cultura do país de origem, sem possibilidades de acessar a cultura do país de acolhida. Essa experiência pode acabar com a expatriação, uma vez que pode interromper o tempo de moradia temporária no novo país e fazer com que os sujeitos retornem antecipadamente ao país de origem, abortando os planos combinados.[15]

Tratar-se-á de pensar essas famílias a partir de suas características, suas bordas e seus modos de vinculação na atualidade. A estrutura familiar inconsciente, que dá sustentação aos vínculos familiares, é modificada pela experiência, com diferentes proporções equivalentes a como, vincularmente, essas famílias vivem as mudanças. Mas mesmo para aqueles que, a modo de resistência, tentam negar a mudança e não conseguem se fazer donos da experiência, a estrutura familiar inconsciente sempre se modifica, estruturando inconscientemente as maneiras de se relacionar e se transformar a partir das culturas que os moldam. Certas estruturas familiares inconscientes podem deixar seus integrantes atrelados ao conjunto, como única forma de subsistir como núcleo familiar com a cultura de origem; outras estruturas podem permitir a seus integrantes ter um certo grau de independência para se constituir intersubjetivamente, enquanto, em outros casos, a família pode ser o principal veículo para habilitar seus membros na constituição e transformação subjetiva singular e única, apoiados nos vínculos familiares. As diferentes formas de processar a situação gerarão diferentes graus de interculturalidade nos sujeitos e nas famílias,

---

15 Na colocação "[...] quero que você me tire daqui".

porém modificarão também em diversos graus o que chamamos de identidade intercultural.

Na estrutura familiar inconsciente, encontramos diferentes lugares ocupados por distintos membros da família, correspondentes a diversas funções. Na expatriação, os pais, no lugar paterno e materno, têm uma incidência direta sobre a decisão de aceitar ser expatriados, já que são eles que decidem e escolhem frente à proposta da empresa. Todavia, os filhos, crianças ou adolescentes, cumprem um papel mais passivo, porque têm que aderir às decisões tomadas pelos pais e se submeter às escolhas parentais. Isso coloca essas duas gerações em posições diferentes: uns tomam as decisões e outros as acatam. Nos casos clínicos, aparecem posições de revolta dos filhos, adolescentes e crianças, opondo-se à escolha parental, tentando dificultar o processo de mudança ou boicotando-o. Ao sofrer passivamente, desde o lugar de filhos, eles sentem relegados seus desejos e vínculos e vão ter que aprender a lidar com essa situação. Vemos, assim, duas gerações impactadas de forma diferente pela experiência compartilhada. A partir de outro ponto de vista, Eva Hoffman (2004) assinala sobre "[...] a mudança nas relações familiares internas, que acontece muitas vezes em famílias de imigrantes, nas quais os pais se tornam desorientados e os filhos transformam-se, em certa medida, nos intermediários entre eles o mundo externo" (p. 58). Conforma-se, por conseguinte, um outro devir dos vínculos familiares em face do deslocamento migratório.

Nas famílias de expatriados, vemos a importância que têm os animais de estimação que os acompanham na migração temporária, ocupando o lugar de objetos intermediários ou objetos transicionais, os quais auxiliam nas mudanças internas e externas desse processo.[16] Os integrantes da família outorgam um lugar dentro do

---

16 "Até a cachorra Cora adora o Brasil, come cascas de mamão que a gente dá para ela, e o coração da maçã."

espaço vincular familiar para esses animais de estimação, e seus membros projetam neles afetos difíceis de aceitar como próprios, evidenciando grandes demonstrações de carinho. Fazem parte do espaço familiar, a ponto de ser desenhados pelas crianças nos casos clínicos apresentados, expondo as preocupações que as crianças têm sobre a saúde deles, até mencionando a aceitação ou a desaprovação pela terra de expatriação. Os animais de estimação são aqueles que lembram os vínculos do país de origem, já que vêm com a família, na mudança, ao mesmo tempo que fazem parte da expatriação no país de acolhida. Poderíamos definir a função deles como de estabelecimento de uma ponte afetiva que indica uma presença no próprio processo de mudança.

Os sujeitos constituídos no seio das famílias expatriadas podem vir a se tornar sujeitos interculturais ou "cidadãos do mundo", nas palavras de um pai que sentia que, outorgando esse estatuto de sujeito global ao filho, ele o estava instrumentalizando para se inserir no hoje e no amanhã. Contudo, nem todos os sujeitos que vivem a experiência de expatriação transformam-se em sujeitos interculturais, com a possibilidade de integrar os três espaços psíquicos à mudança; com as consequentes transformações, teremos que ir conferindo isso caso a caso, já que alguns o conseguem, outros ficam a meio caminho e outros fracassam na experiência, permanecendo presos à cultura de origem, sem permitir a integração com culturas alheias e não conseguindo se modificar, nem interna, nem externamente.

## Com quem faço a rede de laços sociais?

Pensaremos na estruturação desses sujeitos expatriados no entorno social.

Os vínculos familiares de sangue ficam como referentes do país de origem. No país de expatriação, estruturam-se redes vinculares que são escolhidas, como malha que dá sustentação a toda a família, no meio social. Assim, os grupos familiares escolhem suas redes de pertencimento, não ficando mais sustentados pela consanguinidade, mas pela escolha intersubjetiva.

García Canclini enfatizava como, ao lado de um sujeito que transita no mundo virtual, viajando de um país a outro, trabalhando em vários espaços simultâneos e distantes, sempre tem que aparecer alguma âncora subjetiva estável que o sustente e apoie para conseguir esse modo de morar subjetivo, no mundo contemporâneo. A família aparece aqui como aqueles vínculos seguros que garantem ao expatriado uma permanência que lhe possibilita se estruturar subjetivamente em uma dupla condição: de viajante virtual no espaço aéreo, ao mesmo tempo que é membro de uma família estável que o aguarda e o ampara.[17]

Os fatores que unem os grupos sociais podem ser a língua materna, que arma uma rede comum com o país de nascimento, ou a religião comum, ou o trabalho, ou um clube que nucleia, estruturando, dessa maneira, um novo universo de sustentação que essa família passa a sentir como o lugar da família ampliada, do país de origem, constituindo-se no laço social que sustenta a cultura de expatriação. Uma expatriada dizia: "Com Maria jamais falaria se eu vivesse no Uruguai, mas como aqui somos as duas estrangeiras, gosto de ser sua amiga". Talvez as escolhas para se relacionar se façam com base em outros parâmetros, os quais não seriam usados no país de origem: no país de expatriação, as escolhas podem

---

17 O caso clínico 4 ilustra essa situação levada a um extremo. Trata-se de uma família que, frente à violência de Estado, aceita ser expatriada a um país estrangeiro, Brasil, como lugar geográfico fixo no qual permanecerá, mas o funcionário expatriado é convidado a trabalhar em outro continente, indo e vindo de um terceiro país, na África.

estar norteadas pelo sentimento de solidão e desamparo ou por uma nova forma de ser e de se identificar.

Ademais, pensamos que os sujeitos nas escolhas podem procurar ficar igualados com os que vivem uma experiência similar, como forma de estabelecer um laço fraterno que arme mutuamente uma malha de contenção na expatriação. Esse laço fraterno operaria como amparo e acolhimento junto às experiências vividas.

Os sujeitos que chamamos de interculturais vão compondo um psiquismo no qual as diversas representações vão se entrelaçando internamente, deixando rastros das várias inscrições culturais. As marcas inscritas pelas passagens por diversas culturas compõem sujeitos com aparelhos psíquicos capazes de integrar o diverso e o diferente.

Este trabalho deixa várias questões abertas, para continuar pensando, à procura de apreender o sujeito da contemporaneidade.

A modo de finalização, fazemos nossas as palavras de Judit Mészáros (2004), para quem "[...] precisamos deixar claro que cada perda carrega dentro de si as sementes da criação de um desenvolvimento positivo" (p. 10).

# Posfácio – Figuras da diferença: a cultura e a língua em sofrimento

Este é um livro destemido.

Numa época de grande mobilidade humana e de ampliação de contatos interculturais a questão da *migração em família*, uma das diversas indagações enfrentadas neste livro, problematiza as formas de convivência na intimidade do grupo familiar, na interação entre os povos e coloca em evidência os modos de viver no interior de uma sociedade.

A coragem de escrevê-lo reside na exposição e na análise de questões que envolvem, entre outras, as crises da vida política e da globalização da economia que se manifesta nas vicissitudes do processo migratório vivido pelos *expatriados*: entre o abrigo das potências transnacionais e a exposição ao estrangeiro. O que fica, por vezes, dissimulado nesses processos e que se manifesta nas transformações de todas as culturas – intolerâncias ideológicas, raciais, étnicas, religiosas – é a exposição da diferença daqueles que não participam, conforme a expressão de Bourdieu, da cultura legítima, isto é, da cultura dominante. A diferença cultural expõe, na migração, a alteridade insuportável; essa alteridade imaginariamente experimentada em termos de outra cultura, de outros costumes, outros fenótipos.

Em outro ângulo de análise, o texto mostra as relações entre a língua materna e a língua estrangeira, desconhecida, "trazendo um registro do sentimento de *Unheimlich* pelo ameaçador da experiência", e como o "*ajeno* [...] inexorável, opaco, figura que estabelece um nós e os outros, desenhando uma fronteira entre o conhecido-familiar-cultura de origem e, um desconhecido-alteridade-inquietante." (p. 81). Trabalhando a língua como espaço potencial de invenção e criação, expõe a construção da *língua própria* como produção singular, efeito do compartilhamento de espaços comuns: Se "estaríamos nos defrontando com uma instância intercultural que surge por meio da língua, quando os sujeitos se veem expostos a diferentes idiomas" (p. 81) é a questão que se delineia. Nessa análise, destaca a experiência de Freud como um eterno estrangeiro em busca do retorno à língua "na qual se possa viver e pensar".

Aprofundando-se na compreensão desse caráter estrangeiro, o livro nos convida a refletir sobre as fronteiras entre os territórios, as culturas e as línguas, expondo as dimensões contemporâneas do multicultural, do intercultural e do transcultural. Nesse trajeto, encontra inquietações teóricas e sociais que convocam ao enfrentamento do tema da recepção e da acolhida do diferente e das incidências subjetivas envolvidas nesse processo. Apoiando-se em Berenstein, opera o conceito de *ajenidad* como bidirecionalidade radical – vincular – pelo qual a diferença tratada como *ajenidad* heterogênea expressa uma assimetria irredutível.

É desse lugar que o pensamento clínico da autora, que alinhava todo o texto, pode expressar e *decifrar* a complexidade dos acontecimentos subjetivos e das histórias familiares e sociais colhidas enquanto tecem e transformam, nessa travessia, os legados social e cultural.

**Maria Inês Assumpção Fernandes**

*São Paulo, outubro de 2018*

# Referências

Amanti, J., Argentieri, S., Canestri, J. (1991). *The Babel of the Unconscious: Mother Tongue and Foreign Languages in the Psychoanalytic Dimension.* Madison, CT: International Universities Press.

Amanti-Mehler, J. (2004). Immigration, Loss & Memory. In J. Szekacs-Weisz & I. Ward (Orgs.), *Lost Childhood and the Language of Exile.* London: Imago MLPC and The Freud Museum.

Bauman, Z. (1998). *O mal-estar da pós-modernidade.* Rio de Janeiro: Jorge Zahar.

Benghozi, P. Aula na Universidade de São Paulo, 19 de agosto de 2013. Curso de extensão universitária.

Berenstein, I. (2007). *Del ser al hacer. Curso sobre vincularidad.* Buenos Aires: Paidós.

_____. (2004) *Devenir otro con otros. Ajenidad, presencia, interferencia.* Buenos Aires: Paidós Psicología Profunda.

_____. (2001). *El sujeto y el otro. De la ausencia a la presencia*. Buenos Aires: Paidós.

Berenstein, I., Puget, J. (1997). *Lo vincular. Clínica y técnica psicoanalítica*. Buenos Aires: Paidós.

Bíblia Online. *Antigo Testamento*. Recuperado de https://www.bibliaonline.com.br.

Bleger, J. (1987). *Temas de psicologia: entrevistas e grupos*. São Paulo: Martins Fontes.

_____. (1984). *Simbiosis e ambiguedad*. Buenos Aires: Paidós.

Bourdieu, P. (2000, 1º de maio). Um mundo norte-americano. A nova bíblia de Tio Sam. *Le Monde*. Recuperado de https://www.diplomatique.org.br/acervo.php?id=271.

Certeau, M. (1981, abr.). Californie, un théâtre de passants. *Autrement*, n. 31.

Clare, J. (2004). Introduction. In J. Szekacs-Weisz & I. Ward, *Lost Childhood and the Language of Exile*. London: Imago MLPC and The Freud Museum, 2004.

*Diccionario de la lengua española*. (2005). España: Espasa-Calpe.

Drexler, J. (2001). El país con el nombre de un rio. In *Sea* [disco]. España: Virgin Records.

Fernandes, M. I. A. (2005). Os sentidos do morar: Uma questão para a psicologia social. In *Negatividade e vínculo. A mestiçagem como ideologia*. São Paulo: Casa do Psicólogo.

Fernandes, M. I. A., Correa, O. R. & Colosio, R. (2013). Processos migratórios na cidade da São Paulo/Brasil: Os sentidos do morar e a cidade. In *Anais do Congreso de Flapag*. Buenos Aires.

Fernandes, M. I. A., Gomes, I. & Levisky, R. (2014). Corpo familiar e a diversidade cultural no Brasil: Repercussões no setting. In

Anais do Congresso da AIPCF. Bordeaux, França (não publicado).

Ferreira, A. B. H. (2004). *Novo dicionário eletrônico Aurélio*. Versão 5.0. Regis.

Fortuna, C. & Silva, A. S. (2005). A cidade do lado da cultura: Espacialidades sociais e modalidades de intermediação cultural. In B. Sousa Santos, B. (Org.). *A globalização e as ciências sociais*. São Paulo: Cortez.

Freud, S. (2000). *Diário de Sigmund Freud: 1929-1939. Crônicas breves*. Porto Alegre: Artmed.

_____. (1919/1973b). Lo siniestro. In *Obras completas* (v. III). Madrid: Biblioteca Nueva.

_____. (1908/1973a). El poeta y los sueños diurnos. In *Obras completas* (v. II). Madrid: Biblioteca Nueva.

García Canclini, N. (2012). *Culturas híbridas. Estrategias para entrar y salir de la modernidad*. Buenos Aires: Paidós.

_____. (2004). *Diferentes, desiguales y desconectados. Mapas de la interculturalidad*. Barcelona: Editorial Gedisa.

Genesis. (1973). Dancing With the Moonlight Knight. In *Selling England by the Pound* [disco]. United Kingdom: Charisma.

Giddens, A. (1990). *Sociology*. Oxford: Polity Press.

Gomel, S. & Matus, S. (2011). Del sufrimiento vincular a la construcción de ilusión. In R. Gaspari & D. Waisbrot, *Familias y parejas. Psicoanálisis, vínculos, subjetividad*. Buenos Aires: Psicolibro.

Hoffman, E. (2004). Between Worlds, Between Words: Some Thoughts on Self-Translation. In J. Szekacs-Weisz & I. Ward, *Lost*

*Childhood and the Language of Exile*. London: Imago MLPC/ The Freud Museum.

Kaës, R. (1998). Différence culturelle, souffrance da la langue et travail du préconscient dans deux dispositifs de groupe. In R. Kaës et al., *Différence culturelle et souffrances de l'identité*. Paris: Dunod.

Kelly-Lainé, K. (2004). Preface in Three Voices. In J. Szekacs-Weisz & I. Ward, *Lost Childhood and the Language of Exile*. London: Imago MLPC/The Freud Museum.

Koltai, C. (2011, 18 de abril). *De uma língua a outra por meio das migrações*. Conferência realizada no Centro de Estudos Psicanalíticos, São Paulo.

Leite, D. M. (1954). *O caráter nacional brasileiro: história de uma ideologia*. São Paulo: Pioneira.

Mészáros, J. (2004). Preface in three voices. In J. Szekacs-Weisz & I. Ward, *Lost Childhood and the Language of Exile*. London: Imago MLPC/The Freud Museum.

Minayo, M. (Org.). (2004). *Pesquisa social. Teoria, método e criatividade*. Petrópolis: Vozes.

Molnar, M. (Org.) (2000). *Diário de Sigmund Freud: 1929-1939. Crônicas breves*. Porto Alegre: Artmed.

Moro, M. & Rrevah-Levy, A. (1998). Soi-même dans l'exil. Les figures de l'alterité dans um dispositif psychothérapique. In R. Kaës et al, *Différence culturelle et souffrances de l'identité*. Paris: Dunod.

Mourão Cavalcanti, A. (s.d.). *Psiquiatria, outros olhares... A etnopsiquiatria segundo Tobie Nathan*. Recuperado de http://www.polbr.med.br/ano01/mour0201.php.

Pachuk, C. & Friedler, R. (1998). *Diccionario de psicoanálisis de las configuraciones vinculares*. Buenos Aires: Del Candil.

Puget, J. (2014). Prólogo. In P. Berenstein, *La adopción y el vínculo familiar*. Buenos Aires: Lugar.

_____. (1989). Formación psicoanalítica de grupo. Un espacio psíquico o tres espacios. Son superpuestos? *Revista de Psicología y Psicoterapia de Grupo*, Buenos Aires, v. XII, n. 1-2.

_____. (1998). Tres Espacios Psíquicos. In: R. Friedler & C. Pachuk. *Diccionario de psicoanálisis de las configuraciones vinculares*. Buenos Aires: Del Candil, 1998.

Puget, J. & Méndez, M. L. (2013). Mesa de apertura. In *Anais do Congreso de Flapag. Clínica de la Diferencia e Interculturalidad*. Buenos Aires (não publicada).

Rosa, M., Carignato, T. & Berta, S. (2006). Metáforas do deslocamento: Imigrantes, migrantes e refugiados e a condição errante do desejo. In A. Costa & D. Rinaldi (Orgs.), *Escrita e psicanálise*. Rio de Janeiro: Companhia de Freud.

Santos, M. (2007). *O espaço do cidadão*. São Paulo: Edusp.

Seidmann, S. (1990). *Migración y cambio. La búsqueda de la identidad*. Buenos Aires: UBA/Facultad de Psicología.

Selvatici, M. (2007). Fenómenos de transculturación en la asistencia de parejas. In *Anais do 17º Congreso de Flapag*. Santos.

Sousa Santos, B. (Org.). (2008). *Pela mão de Alice. O social e político na pós-modernidade*. São Paulo: Cortez.

_____. (2005). *A globalização e as ciências sociais*. São Paulo: Cortez.

Szekacs-Weisz, J. & Ward, I. (2004). How To Be a Bi-Lingual Psychoanalyst? In *Lost Childhood and the Language of Exile*. London: Imago MLPC and The Freud Museum.

Ventrici, G., Zadunaisky, A. (1998). Trans-subjetividad, transubjetivo. In R. Friedler & C. Pachuk, *Diccionario de psicoanálisis de las configuraciones vinculares*. Buenos Aires: Del Candil.

Viñar, M. (2009). *Mundos adolescentes y vértigo civilizatorio*. Montevideo: Trilce.

Weissmann, L. (2012). Sujeitos multiculturais? Cidadãos do mundo? In I. C. Gomes, M. I. A. Fernandes & R. B. Levisky (Orgs.), *Diálogos psicanalíticos sobre família e casal*. 1. ed. (v. 1, p. 213-217). São Paulo: Zagodoni.

_____. (2011, 30 de agosto). Sujeitos multiculturais? Cidadãos do mundo? *Boletim Online Departamento de Psicanálise Instituto Sedes Sapientae*, São Paulo, Instituto Sedes Sapientae.

_____. (2010). Famílias de expatriados. In *Anais do 4º Congreso Internacional de Psicoanálisis de Pareja y Familia*. Sufrimiento vincular y sus transformaciones en el psicoanálisis de pareja y familia. (v. 1). Buenos Aires.

Yamâ, Y. (2012). *A origem do beija-flor*. Guanãby Muru-gáwa. Maraguá: Peirópolis.

# Série Psicanálise Contemporânea

*O tempo e os medos: a parábola das estátuas pensantes*, de Maria
Silvia de Mesquita Bolguese

**GRÁFICA PAYM**
Tel. [11] 4392-3344
paym@graficapaym.com.br